AF462754

LA

TERRE DE FRANÇOIS-JOSEPH

ET LA

MER DE LA NOUVELLE-ZEMBLE

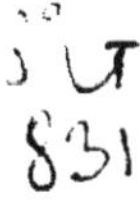

LE LIEUTENANT PAYER.

BIBLIOTHÈQUE
DES ÉCOLES ET DES FAMILLES

LA TERRE DE FRANÇOIS-JOSEPH

ET LA MER DE LA NOUVELLE-ZEMBLE

RÉCITS D'EXPLORATIONS ET DE DÉCOUVERTES

PAR

J. PAYER

ABRÉGÉS PAR H. VATTEMARE

PARIS
LIBRAIRIE HACHETTE ET Cie
79, BOULEVARD SAINT-GERMAIN, 79
1880

AVANT-PROPOS

Il y a près de quatre siècles, on le sait, que la question du plus court passage de l'Europe aux riches pays de l'Inde et de la Chine a commencé à préoccuper les gouvernements et les navigateurs. C'est en cherchant ce passage que Christophe Colomb trouva l'Amérique, en 1492, et que, quelques années plus tard, Vasco de Gama atteignit la pointe australe de l'Afrique. Un peu plus tard le cap Horn, extrémité méridionale de l'Amérique, fut également doublé.

La voie par le sud était trouvée; mais elle n'appartenait qu'aux nations maritimes du Midi, à l'Espagne et au Portugal. Les nations de l'Occident voulurent également avoir leur passage; dès le XVIe siècle, on chercha vers le nord-ouest un passage qui permît d'atteindre à la voile le grand océan Pacifique.

Si les recherches n'ont pas abouti, au moins ont-elles eu pour résultat d'importantes adjonctions à la carte du monde.

Dans le XVIe et le XVIIe siècle, il ne s'agissait que du développement des relations internationales entre les diverses parties de l'univers connu. Dès le XVIIIe siècle, la question, devenant plus abstraite, entra définitivement dans le domaine de la science. Celle-ci marcha de pair avec le commerce. Les expéditions se multiplièrent, les navigateurs furent accompagnés de savants versés dans toutes les branches des connaissances humaines; et c'est ainsi que furent successivement découvertes et explorées les terres glacées du Nord.

Il est impossible de s'imaginer ce que ces explorations ont demandé de vigueur d'âme et de corps, de courage, d'abnégation et de persévérance à ceux qui les ont accomplies. C'est que, sans parler de l'intensité du froid qui règne dans ces pays perdus, la navigation dans les mers polaires est entourée de dangers terribles, sans cesse renaissants, que l'expérience la plus consommée ne peut prévoir et contre lesquels aucune force ni aucune science humaines ne sauraient prévaloir.

Le martyrologe des régions hyperboréennes comprend déjà des noms illustres, avant Frobisher et depuis Franklin. Mais rien n'enraye le merveilleux esprit d'aventure des explorateurs contemporains. Ils ont la conviction qu'ils s'exposent à une mort presque certaine, et quelle mort! Ils partent néanmoins, sans esprit de retour; et ils partiront jusqu'à ce qu'ait été résolu le mystère du pôle nord.

Quelle admiration, quel respect ne doit-on pas éprouver pour ces hardis pionniers de la science et de la civilisation!

Peu à peu cependant on s'avance vers le pôle. Je ne veux entrer dans aucun des détails relatifs aux nombreux voyages exécutés depuis quelques années. On les trouvera, d'ailleurs, dans certains des ouvrages compris déjà dans la *Bibliothèque des écoles et des familles*. Je ne parlerai que de ce qui se rattache immédiatement au sujet du présent volume et de la découverte des terres jusqu'ici les plus voisines du pôle nord.

En 1869, par ordre du gouvernement austro-hongrois, les navires *Hansa* et *Germania* avaient exploré la côte orientale du Groenland. L'expédition du *Tegetthoff* fut organisée par le même gouvernement, dans le but de poursuivre le cycle des explorations et des découvertes polaires.

Huit ans avant le voyage de la *Hansa* et de la *Germania*, le docteur J. Hayes, avec la corvette *United States* (États-Unis), avait, comme ces deux navires, longé la côte orientale du Groenland et, remontant le détroit de Smith, découvert la terre de Grinnell, la région la plus septentrionale connue jusqu'au voyage du *Tegetthoff;* elle est comprise entre 80° et 83° de latitude nord. C'est du haut d'un promontoire de cette terre que Hayes crut apercevoir la mer complètement libre de glace (18 mai 1861) [1].

L'itinéraire que devait suivre le *Tegetthoff* n'était ni celui de la *Hansa* et de la *Germania*, ni celui de l'*United States*. Ces navires s'étaient avancés dans la direction de l'ouest; les intentions du *Tegetthoff* étaient de se porter vers l'est, de s'approcher le plus possible du pôle, d'explorer les terres et les mers au nord-est de la Nouvelle-Zemble, et de revenir par le détroit de Behring.

Comme il n'arrive que trop souvent dans ces terribles parages, les instructions officielles ne purent être exactement suivies; et même sans un hasard inespéré le *Tegetthoff* eût été obligé de revenir prématurément, sans rappor-

1. J. Hayes, *l'Océan arctique, voyage d'exploration au pôle nord*. (Bibliothèque des écoles et des familles). Hachette et Cie, 1879.

ter aucun résultat. Mais grâce à un glaçon qui entraîna le navire dans sa dérive au nord-est, puis au nord-ouest, les explorateurs découvrirent un important massit de terre situé à peu près dans les mêmes latitudes que la terre de Grinnell (entre 80° et 83°). Cette terre reçut le nom de l'empereur d'Autriche François-Joseph.

L'organisateur de l'expédition, M. le lieutenant Payer (auteur de la relation qu'on va lire), fut ardemment secondé par deux fervents amis des sciences, les comtes Wilczek et Zichy, et par la Société de Géographie de Vienne. Sous les auspices de cette Société se constitua un comité qui eut, en peu de temps, réuni des sommes considérables. L'équipement du navire fut l'objet de soins particuliers; rien ne fut négligé pour que les voyageurs pussent, au besoin, s'éloigner à des centaines de kilomètres du navire.

L'expédition était partie depuis deux années et l'on éprouvait de vives anxiétés sur le sort des explorateurs, lorsqu'on apprit que l'équipage du *Tegetthoff* avait débarqué en Europe (3 septembre 1874). Quelques jours après, M. Payer et ses compagnons arrivaient à Vienne, où ils furent reçus avec un enthousiasme indescriptible. Toute l'Europe civilisée se joignit à leurs compatriotes pour leur souhaiter la bienvenue, après l'un des voyages les plus fantastiques qui aient jamais été accomplis.

HIPPOLYTE VATTEMARE.

LA

TERRE DE FRANÇOIS-JOSEPH

ET LA

MER DE LA NOUVELLE-ZEMBLE

CHAPITRE PREMIER

Départ d'Europe. — Tromsö. — La mer de la Nouvelle-Zemble.
Bloqués dans les glaces.

L'expédition partit de Bremerhafen[1], le 13 juin 1872, à six heures du matin.

Le *Tegetthoff*, qui la portait, était un petit vapeur de 220 tonnes, approvisionné pour deux ans et demi à trois ans; sa machine avait une force effective de cent chevaux. Autant que possible, il devait marcher à la voile, afin de ménager l'approvisionnement de charbon qui était sa force indispensable pour vaincre la résistance des banquises.

L'état-major comprenait le lieutenant de vaisseau Weyprecht et le lieutenant Payer, chefs de l'expédition; le lieutenant de vaisseau Brosch, l'enseigne de vaisseau Orel et le médecin

1. Bremerhafen est un port du nord-ouest de l'Allemagne, sur la rive droite du Weser, à l'entrée de l'estuaire par lequel le fleuve débouche dans la mer du Nord. Cette ville, dont le nom signifie *port de Brême*, la grande cité commerçante située en amont, compte de 11 à 12 000 habitants. — Le Weser se forme, à Münden, de la réunion de la Fülda et de la Werra, et se jette dans la mer du Nord après un parcours de 380 kilomètres. Il s'ensable de jour en jour.

militaire Kepes. L'équipage — mécanicien, chauffeur, cuisinier, charpentier et matelots — comptait 20 hommes.

Il y avait, en outre, huit chiens, dont deux de Laponie et six de Vienne; ils devaient former l'attelage des traîneaux et jouèrent plus tard un rôle important dans l'expédition.

Contrarié, au début, par les vents, le navire mit vingt jours pour atteindre Tromsö ou Tromsœ, sur la côte nord-ouest de la Norvège, où il embarqua le capitaine baleinier Olof Carlsen, maître harponneur des mers arctiques, et une chaloupe de pêche du pays. C'est là que Payer et Weyprecht reçurent l'ukase (édit) de l'empereur de Russie enjoignant à tous les nationaux de l'empire de prêter, en tout lieu et à tout moment, aide et assistance aux chefs de l'expédition. Cette pièce était pour eux d'une importance extrême en face des terribles éventualités du voyage.

Tromsö, située sur l'île du même nom, par 70° de latitude nord, n'est qu'une petite ville bâtie en bois. Les montagnes y sont absolument nues; les alentours de la ville n'ont ni arbres ni fruits; si l'on veut avoir un bouquet, il faut le faire éclore dans un appartement comme dans une serre chaude.

Le 13 juillet, le *Tegetthoff* reprenait la mer sous la direction d'Olof Carlsen, qui faisait l'office de pilote.

Quand ont eut dépassé les écueils, la machine fut éteinte, les voiles furent déployées, et le navire commença la dernière et courte navigation marine qu'il lui était encore donné d'accomplir.

Quelques jours après, le *Tegetthoff* dépassait la dernière ville du nord de la Norvège et la plus septentrionale du globe, c'est-à-dire la petite île de la Baleine où s'élève Hammerfest: une centaine de maisons au plus, entre-croisement de poutres, surmonté d'un clocher en bois et défendu par deux canons fort paisibles dans la gueule desquels les oiseaux viennent nicher. Puis le cap Nord était doublé; un regard suprême était jeté aux rochers abrupts de l'île Magerö, à l'extrémité

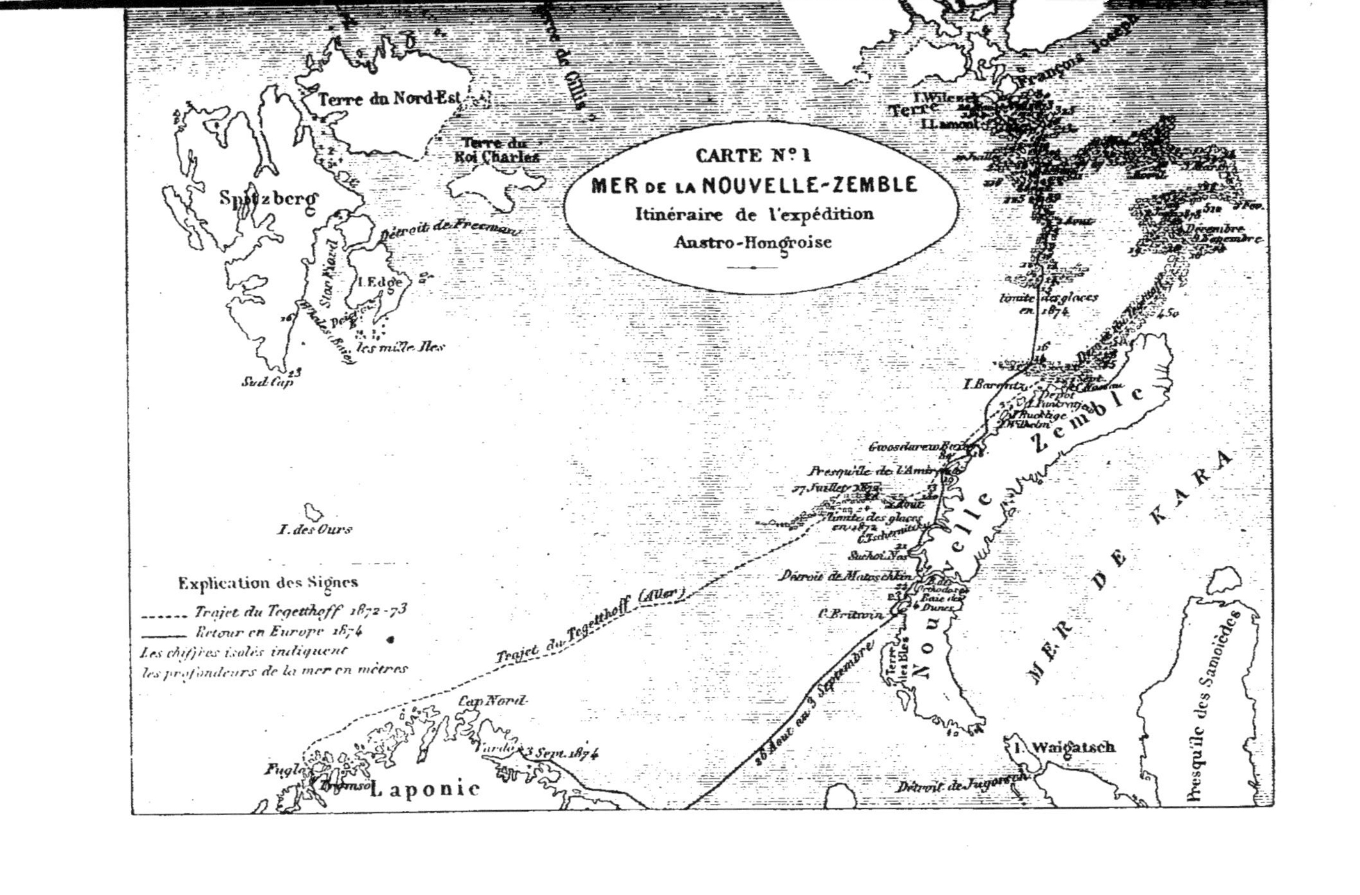
CARTE N° 1
MER DE LA NOUVELLE-ZEMBLE
Itinéraire de l'expédition
Austro-Hongroise
Terre du Nord-Est
Terre du Roi Charles
Spitzberg
Détroit de Freeman
I. Edge
Stor Fiord
les mille Iles
Sud Cap
I. des Ours
Terre François Joseph
I. Wilczek
I. Lamont
limite des glaces en 1874
I. Barentz
Gwosdarew Bay
Presqu'île de l'Amiral
27 Juillet
limite des glaces en 1872
Suchoi Nos
Détroit de Matoschkin
C. Britwin
Baie des Dunes
Terre des Elus
Nouvelle Zemble
MER DE KARA
Presqu'île des Samoïèdes
I. Waigatsch
Détroit de Jugorsch
26 Aout au 3 Septembre
Trajet du Tegetthoff (Aller)
Cap Nord
Vardö 3 Sept. 1874
Fugle
Tromsö
Laponie
Explication des Signes
------ Trajet du Tegetthoff 1872-73
—— Retour en Europe 1874
Les chiffres isolés indiquent
les profondeurs de la mer en mètres

de laquelle se dresse, semblable à une tour quadrangulaire flanquée de quatre bastions, ce fameux promontoire qui est comme l'avant-poste de l'Europe au bord de l'océan Glacial arctique; de là il s'élança définitivement vers les profondeurs du nord.

Le 23 juillet, l'abaissement de la température, le brouillard et la pluie annonçaient que l'on approchait de la glace; on l'aperçut affectivement le 25, par 74° 15′ de latitude nord, avec une température de deux dixièmes au-dessous de zéro.

Cette première glace était dans un état complet de dislocation. Les voyageurs supposèrent d'abord que ce n'était pas là le *pack*[1] proprement dit, mais seulement un amas de blocs errants. Ils reconnurent bientôt leur erreur; ils se trouvaient véritablement en présence des agglomérations glaciaires.

Dans la direction du nord-est, les glaces se firent plus dures sans que la mer cessât d'être navigable, et le thermomètre descendit sensiblement. Trois jours plus tard, il fallait, pour avancer, avoir recours à la vapeur, et même, à plus d'une reprise, se frayer un passage à coups d'éperon. Dans la nuit du 29 au 30, on réussit à forcer de la sorte l'entrée d'un de ces bassins d'eau vive que la glace enferme de toutes parts, et qu'on appelle des *ouackes*. On eût dit, dans le brouillard, un lac intérieur aux contours indécis et fantastiques.

On s'apercevait, du reste, à mille phénomènes étranges, qu'on venait de pénétrer presque sans transition dans un monde entièrement nouveau. Tous les objets environnants semblaient sans couleur et pour ainsi dire sans corps; l'œil ne savait où se reposer dans cette perpétuelle mobilité des horizons les plus proches, dont l'aspect se transformait à chaque minute, grâce aux morsures infatigables de la mer sur la glace et à l'action dissolvante du soleil.

Qui pourrait rendre ces images mélancoliques, les bruissements du flot sous les glaçons, les suintements monotones des

1. Amas de glaces de grande étendue.

DANS L'OCÉAN GLACIAL.

grands blocs aux arêtes sourcilleuses, le bruit singulier des grappes de neige qui s'abîment soudain et s'éteignent dans l'eau comme une flamme qui grésille?

Qui pourrait figurer les splendides cascades qui ruissellent du haut des icebergs [1], les soulèvements d'écume produits par leur chute, et l'effroi comique des oiseaux de mer qui, en train de méditer sur une de ces cimes glacées, perdent tout à coup leur point d'appui et s'envolent, en tournoyant, pour aller se poser de nouveau sur quelque autre pyramide de glace.

Le spectacle devient étrange, sous la lumière languissante du soleil de minuit; alors les formes perdent leurs saillies, l'ombre des objets semble de plus en plus vague et la nature tout entière revêt l'apparence d'une vision. Quand la mer est calme, l'air est tellement doux qu'on a peine à s'imaginer que l'on se trouve au milieu du monde arctique.

Le 29 juillet, le *Tegetthoff* vit se dresser devant lui une nouvelle barrière de glace qu'il franchit, mais qui se referma derrière lui : il était bloqué. Trois jours après, la soudure des glaces s'étant un peu relâchée, on perça à la vapeur cette vaste barrière et l'on entra dans une mer libre d'environ 32 kilomètres de large.

Le 8 août, par 75° 22′ de latitude nord, la glace s'épaissit à tel point en avant du navire, que celui-ci, incapable de faire une trouée, dut rétrograder pour attendre un changement de temps. Tout près de la côte, dans un bassin d'eau libre, on aperçut un schooner.

Chacun se hata d'écrire des lettres pour les siens; mais le schooner, que l'on comptait charger de ces dépêches, se déroba à la mission qu'on lui réservait en s'enfonçant dans l'intérieur de la baie de Gnosdarew.

Le lendemain, le navire put reprendre sa marche, et, jusqu'au 12 août, il ne cessa de s'avancer vers le nord. On

1. Montagnes de glace flottantes.

avait toujours en vue, à une distance de 12 à 16 kilomètres, les montagnes de moins en moins élevées de la Nouvelle-Zemble[1].

Dans le voisinage des îles Pankratjew, on aperçut un navire à voiles qui s'efforçait d'attirer l'attention du *Tegetthoff* en ti-

BAIE DE GNOSDAREW

rant des coups de canon et en hissant son pavillon. Les lieutenants Payer et Weyprecht reconnurent avec joie les couleurs austro-hongroises. C'était le navire *Ibsjörn*, monté par le comte Wilczek, l'un de ces éminents amis des sciences qui, comme il a été dit dans l'avant-propos, avaient

1. La Nouvelle-Zemble (altération du nom *Novaïa Zemlia*, Terre-Neuve en russe), découverte par l'Anglais Willoughby en 1553, composée de deux îles, est entièrement comprise dans le cercle polaire, entre 70° et 77° de latitude nord, 50° et 74° de longitude est. Cette île a environ 1000 kilomètres de long sur 100 de large et dépend du gouvernement d'Arkhangel dont la sépare le détroit de Vaïgatcht La nuit d'hiver y dure près de trois mois. Elle est inhabitée, mais les chasseurs et les pêcheurs d'Arkhangel y viennent chercher les baleines et les phoques, très abondants sur ses côtes.

puissamment aidé à l'organisation de l'expédition du *Tegetthoff*. L'objet de son voyage était d'établir au cap Nassau, sur la côte nord de la Nouvelle-Zemble, un dépôt de charbon et des vivres pour les explorateurs.

Après leur réunion, les deux navires cinglèrent de conserve vers le nord, en longeant la côte; mais dans l'après-midi du 13, par 70° 18′ de latitude nord et 61°17′ de longitude est, le brouillard se forma, le *pack* se tassa, ce qui força les deux navires à jeter l'ancre sur les glaces, à 160 mètres du rivage, à deux encâblures [1] l'un de l'autre.

Tout auprès d'eux, au sud, se trouvaient les îles Barentz, avec leur triple pic de forme étrange, que les chasseurs de phoques désignent sous le nom caractéristique de « les trois cercueils ». De l'autre côté, au nord, se dressait, dans son éblouissante blancheur, un gigantesque iceberg dans lequel on ne put s'empêcher de voir un avant-coureur de terres nouvelles; sa masse prouvait qu'il ne pouvait provenir des glaciers de la Nouvelle-Zemble.

Les île Barentz, ainsi nommées en l'honneur du fameux pilote hollandais qui les découvrit à la fin du XVIe siècle, sont des îlots plats, environnés de récifs et séparés par un étroit canal des côtes étagées en terrasse de la Nouvelle-Zemble. La roche y est formée d'ardoise noire très friable, entremêlée de roches calcaires remplies d'une infinité de zoolithes marins [2]; ce qui prouve qu'une mer plus chaude a dû baigner ces hautes latitude et nourrir des animaux différents de ceux que l'on y trouve aujourd'hui.

Les deux bâtiments furent retenus huit jours dans ces parages par le mauvais temps. On profita de cet arrêt forcé pour aller établir, de l'autre côté de la limite des glaces, au

1. L'encâblure, mesure marine, correspond à une distance de 120 brasses ou 200 mètres.

2. On nomme zoolithe une pétrification représentant des animaux ou des parties d'animaux.

cap Nassau, le dépôt de vivres que les explorateurs voulaient laisser derrière eux.

Le 15 août, Payer et le comte Wilczek, accompagnés d'une partie de l'équipage, partirent avec les chiens et les traîneaux, chargés de plus de 900 kilos de pain de seigle dans des tonneaux et de 1800 kilos de saucisson aux pois en boîtes de fer-blanc emballées dans des caisses de bois. Ces provisions furent placées dans une grande crevasse de rocher dont on boucha l'entrée au moyen de gros blocs. Elles étaient

DÉPÔT DE VIVRES.

ainsi garanties des ours; quant aux pêcheurs russes et norvégiens, on pouvait compter sur leur probité; ce n'était que pressés par une disette absolue qu'ils pouvaient songer à en faire usage. Ce dépôt avait pour objet de servir de premier ravitaillement à l'expédition, en cas de perte du bâtiment.

Au retour de cette expédition, l'on prit toutes les mesures indispensables en vue de la prochaine lutte à soutenir contre la nature polaire. Dans ces parages, un navire court fréquemment le risque d'être fracassé par les glaces et de couler en quelques minutes. Aussi eut-on soin d'avoir toute prête sous la main, en cas d'évènement, une quantité de vivres et de munitions diverses suffisantes pour quatre semaines, et chaque homme de l'équipage reçut d'avance sa part d'instructions précises; la carcasse du bâtiment fut munie d'un revêtement vertical de lourdes poutres, destinées à atténuer autant que possible les pressions de la glace, en les répartissant sur une plus vaste surface, et à permettre que le navire se trouvât soulevé, au lieu de subir un écrasement.

Le pont était encombré d'une foule d'objets, et l'on était loin d'y avoir tous ses mouvements libres. Le principal embarras venait des chiens que l'on y tenait à la chaîne et qui obligeaient à maint circuit tout individu qui n'avait pas su s'attirer leurs bonnes grâces. Les pauvres bêtes, campées en plein air, exposées à toutes les intempéries, attendaient avec une légitime impatience les niches qu'on devait leur fournir. *Soumbou* et *Pékel*, les deux chiens lapons, faisaient seuls preuve de stoïcisme et dormaient philosophiquement sous une couche de neige; ce ne fut pas sans peine que l'on habitua ces animaux au régime de la chair de phoque crue; tout d'abord ils n'avaient accueilli cette pâture qu'avec force grognements.

Le 20 août, tous les préparatifs étaient terminés. Quelques modifications dans la glace parurent rendre possible la continuation du voyage, et les deux navires se disposèrent à se séparer. On comprend avec quelle émotion on se dit adieu. On se quittait avec la crainte de ne se revoir jamais!

Par un ciel gris et avec une bonne brise du nord-ouest, le *Tegetthoff* chauffa, et quelques instants après l'*Isbjörn* avait disparu dans la brume.

Durant toute la journée du 20 août, le *Tegetthoff* s'avança tant bien que mal au nord de la Nouvelle-Zemble. Le chenal cependant allait sans cesse se rétrécissant, et la glace, surtout dans le voisinage de la côte, s'épaississait de plus en plus.

La nuit venue, d'énormes agglomérations de blocs soudés les uns aux autres fermèrent complètement la route, et il fallut jeter l'ancre pour attendre quelque favorable éventualité. Mais, au lieu de se disjoindre et de s'émietter, la glace continua de se masser de toutes parts et d'investir le bâtiment. Bientôt toute trace d'eau vive eut disparu, la moindre flaque

SÉPARATION DES NAVIRES.

fut comblée et le blocus devint absolu; *ce blocus, le Tegetthoff ne devait jamais le rompre.*

« Fort heureusement, écrit Payer, dans cette lutte contre les péripéties du destin, qui mettent à une lente et dure épreuve sa force morale de résistance, l'homme conserve toujours l'invincible espoir d'une prochaine délivrance et n'aperçoit jamais d'un coup d'œil la longue série des déceptions qui l'attendent. Le découragement se serait certainement emparé de nous si nous avions su, ce soir-là, que nous étions désormais condamnés à suivre passivement les caprices de la glace, que notre navire avait fini de jouer son rôle, que toutes les espérances dont nos amis, quelques heures auparavant saluaient l'appareillage du *Tegetthoff* vers le nord, étaient

LE TEGETTHOFF PRIS DANS LES GLACES.

dès ce moment même tombées à néant, que durant vingt-quatre mois, nous étions destinés à servir de jouet aux éléments polaires, que, loin de constituer une glorieuse phalange de pionniers, nous n'étions plus qu'une épave incrustée dans un radeau de glace et que le vent allait entraîner à son gré. »

CHAPITRE II

Approche de l'hiver. — Vains efforts pour débloquer le navire. La Nouvelle-Zemble. — Période des pressions.

A la fin d'août, la température, dans les mers arctiques, se maintient ordinairement à zéro; mais cette année (1872) elle tomba prématurément jusqu'à 6° au-dessous. La neige tombait abondamment; l'hiver boréal approchait, et dès minuit le soleil disparaissait à l'horizon.

Les explorateurs se trouvaient alors par 76° 22′ de latitude nord.

Cependant, comme la masse qui investissait le bâtiment ne se composait que de petits glaçons juxtaposés les uns aux autres, on pouvait encore espérer que de forts vents d'est parviendraient à la disloquer; mais ce fut le contraire qui arriva. L'intensité du froid, un calme continu et de violentes averses de neige agglutinèrent de plus en plus les blocs environnants, et, en quelques jours, en eurent fait une agglomération unique et bien cimentée, au milieu de laquelle le navire demeura immobile et captif. Cette plaine compacte était animée d'un léger mouvement de dérive qui l'entraînait lentement dans la direction du nord-est, le long des côtes supérieures de la Nouvelle-Zemble.

Le 1er septembre, le thermomètre descendit à 11°. Le soleil restait couché pendant dix heures et la glace nouvellement formée acquit, en une nuit, tant de solidité que les explorateurs durent renoncer à tout espoir de se dégager, si ce n'est à l'aide des tempêtes de l'équinoxe.

Toutefois, le lendemain, une fêlure se produisit dans le glaçon, qui fut traversé par un canal et dont une moitié se brisa; mais le *Tegetthoff* n'en demeura pas moins prisonnier au milieu du fragment le plus gros, resté intact. Moins de vingt-quatre heures après, il subit une première pression qui le souleva légèrement; ce n'était qu'un prélude inoffensif aux chocs et aux poussées terribles qu'il devait essuyer par la suite.

Le temps devenait toujours plus froid et plus sombre; dès le 2 septembre, on dut allumer les lampes à 9 heures 1/2 et chauffer l'entrepont, où depuis quelque temps la température était à zéro. Le 11, par 19° au-dessous de zéro, apparurent les premières lueurs d'aurore boréale.

Une tempête venue du nord-est fit momentanément rétrograder le glaçon du côté de l'ouest en le démembrant sur un espace qui comprenait plusieurs hectares.

En présence de cet incident, l'équipage s'efforça de scier ou de faire sauter le reste pour compléter la rupture; mais ni scie ni poudre ne purent mordre efficacement; les parties ouvertes ou désagrégées se refermaient en un clin d'œil, et la force même de la vapeur ne réussissait pas à imprimer au glaçon un mouvement indépendant, ni à disloquer les morceaux que l'outil du travailleur avait entamés.

Ces crevasses, qui se produisaient de temps à autre dans le radeau des naufragés, étaient pour ceux-ci une source d'émotions toujours nouvelles. Chaque fente un peu considérable leur rendait soudainement l'espoir; vite on rentrait à bord tout ce qui se trouvait sur la glace, et chacun d'épier, à son poste, les moindres symptômes de délivrance.

Mais la délivrance ne venait pas; les tempêtes de l'équinoxe, si impatiemment attendues, ne venaient pas davantage, et le *Tegetthoff* dérivait toujours avec son glaçon vers le nord-est.

Le 2 octobre, le 77e degré était franchi; ce fut comme une

EFFORTS POUR BRISER LA GLACE.

entrée mélancolique dans le royaume des ombres ; de jour en jour les voyageurs perdaient l'espoir de continuer leur tâche d'explorateurs. Leurs seuls moments d'entrain étaient ceux où ils rencontraient des ours polaires. Le premier de ces animaux fut tué le 6 octobre. Sa chair fut abandonnée aux chiens, les voyageurs n'ayant point appris encore à la considérer comme la principale de leurs ressources.

« Dans ces parages, dit Payer, le port d'armes est obligatoire pour celui qui s'aventure à quelque distance du navire. Le 11 octobre, je fus moi-même rappelé au sentiment de cette nécessité.

« Je m'étais éloigné du bâtiment, seul et sans armes, pour achever la construction d'une tourelle de glace ; j'étais suivi de Pekel, l'un des chiens lapons. Mon travail m'obligeant à me tenir courbé, je ne voyais pas ce qui se passait autour de moi. Pékel s'étant mis à aboyer avec force, je levai la tête et j'aperçus, à une faible distance, un ours qui s'acheminait de mon côté, en secouant la tête et en reniflant.

« Espérant que quelques hommes de l'équipage, occupés sur le pont, avaient remarqué ma situation critique, je me contentai d'allonger le bras vers la bête ! Ce geste étant demeuré sans effet, je criai à plusieurs reprises : « Un ours ! » Enfin, je vis Klotz, l'un des matelots, se diriger vers le dépôt aux fusils, mais avec une telle lenteur que, renonçant au secours d'autrui, je tournai les talons à l'ours qui ne se trouvait plus qu'à quinze pas de moi.

« Heureusement mes appels réitérés avaient attiré sur le pont les officiers et tout l'équipage ; alors commença, avec force cris et détonations, une poursuite effrénée qui resta sans résultat. C'est ce qui arrive presque toujours dans ces sortes de battues, même lorsque l'ours, au lieu de filer tout droit, comme ce fut le cas cette fois-là, s'arrête et se retourne à plusieurs reprises.

« La morale de ces accidents, c'est que, en présence d'un

ours, si près du navire que l'on puisse être, il ne faut compter que sur soi-même. »

La dérive du *Tegetthoff* vers le nord s'accélérait sans cesse, les jours diminuaient de plus en plus et le crépuscule qui suivait le tomber du soleil devenait de jour en jour plus profond. Les oiseaux polaires disparaissaient tour à tour.

« A peine, dit Payer, apercevait-on encore par-ci par-là quelques mouettes qui rendaient visite aux bassins d'eau vive de nos environs; elles voltigeaient au-dessus de la pointe d'un mât et, après nous avoir considérés fixement, elles poussaient un cri rauque et filaient comme des flèches vers le sud. Il y avait quelque chose de mélancolique dans le départ des oiseaux; toutes les créatures semblaient avoir hâte de s'éloigner de cet immense royaume de ténèbres qui s'ouvrait devant nous.

« Pendant ce temps, plus la dérive nous entraînait vers le nord, plus nous nous écartions des côtes de la Nouvelle-Zemble.

« Dans sa partie septentrionale, cette grande île offre la parfaite image du chaos. Durant des siècles, on s'est représenté sous l'aspect le plus embrouillé les lignes fort simples de cette côte; on n'en a le relevé exact que jusqu'au cap Nassau, et grâce au navigateur Lutke. A partir des îles Barentz, les cartes sont souvent en contradiction avec la réalité : aussi eût-il été fort désirable pour nous d'en établir le redressement, au moyen d'une petite expédition. Si peu d'importance que cette terre eût dans notre plan, ce n'en était pas moins une terre. Son aspect jusqu'alors avait non seulement réjoui nos yeux par sa beauté simple, mais encore il était resté pour nous, dans notre course forcée, comme le symbole d'un monde immobile et fixe.

« Hélas! peu à peu cette image s'effaça; car notre dérive au nord, assez faible en septembre, s'accéléra considérablement en octobre. Le 12 de ce mois, nous n'apercevions plus qu'une même ligne de hauteurs, à 48 kilomètres au loin vers le sud; puis toute trace de côte disparut. Une épouvantable solitude nous saisit : nous nous y enfonçâmes, tout passifs, incapables de déterminer pendant combien de temps et jusqu'où nous serions entraînés. »

L'automne était arrivé annonçant des journées de plus en plus courtes, et rien ne bougeait autour du navire qui continuait à dériver vers le nord-est. Cependant les craquements et l'entassement des glaces permettaient de supposer que cette apparente tranquillité n'était que momentanée.

Un soir, en effet, on crut remarquer dans les cabines que les lampes vacillaient et que la surface du glaçon tremblait. Pendant la nuit on perçut un mouvement effroyable des glaces.

Le lendemain se trouvait être le 13 octobre. Ce chiffre fatidique frappa profondément les esprits superstitieux de l'équipage : le comité promoteur de l'expédition s'était constitué le 13 février, le navire avait été lancé le 13 avril, il était parti de Bremerhafen le 13 juin et avait repris la mer, à Tromsœ, le 13 juillet; enfin il avait atteint les glaces le treizième jour de sa navigation. Pour comble, ce jour-là même, le thermomètre marquait 13° au-dessous de zéro.

Donc, le 13 octobre, à l'heure du déjeuner, la glace s'entr'ouvrit par le travers, sous le bâtiment. Tous le monde se précipita sur le pont. Le *Tegetthoff* se trouvait au centre d'une pression ; le gouvernail, le plus exposé au choc, gémissait plaintivement; on l'assujettit solidement, son énorme poids n'en permettant pas l'enlèvement immédiat.

« Toute résistance humaine était impossible, dit Payer, et pourtant il y avait quelque chose d'émouvant à voir cette poignée d'humains faire appel à leurs muscles de pygmées pour résister aux puissances de la nature. Nous sautons sur notre glaçon, dont les trépidations remplissent littéralement l'air de hurlements lamentables. Comme des araignées qui s'efforcent de réparer leur toile, quand une main ennemie en

LE CRÉPUSCULE.

arrache les fils, nous essayons de recoudre à la hâte, au moyen d'ancres et de câbles, les déchirures faites à la glace; puis nous comblons les coutures avec de la neige, dans l'espoir que la gelée achèvera de consolider notre œuvre. Hélas! il suffit d'un seul mouvement respiratoire de l'océan polaire pour faire éclater tout ce rapiécetage.

« Bientôt la révolte des éléments est complète : les plaines de glace se changent en menaçantes montagnes qui se heurtent avec un tapage infernal, avec un mélange de cris, de mugissements, de sifflements, de cliquetis et de rires moqueurs impossibles à rendre. Tout notre radeau, mis en pièces, n'est plus qu'un pèle-mêle de blocs mouvants. Les uns, dominant le navire à la hauteur de deux mètres, lui pressent le flanc d'une manière terrible ; d'autres se précipitent sous la quille, où s'ouvre tout à coup un gouffre liquide qui les engloutit ; si bien que le *Tegetthoff* commença dès lors à s'élever hors de l'eau, circonstance des plus fâcheuses, comme on le verra par la suite.

« Persuadés de la perte prochaine de notre pauvre vapeur, nous faisons à la hâte tous nos préparatifs pour l'abandonner quand le moment fatal arrivera; nous nous munissons avant tout des deux pavillons et de divers objets dont nous ne voulons point à toute force nous séparer. Quel moment terrible! S'accoutrer fiévreusement entre ces poutres qui tremblent, estimer d'un dernier regard la valeur de chaque chose, se dire que tout espoir est perdu, entendre de tous côtés craquer la carcasse du bâtiment, les portes s'ouvrir et se fermer d'elles-mêmes, et ne pouvoir néanmoins se résoudre à s'en aller.

« Il est minuit ; une nouvelle secousse, plus épouvantable que les autres, se produit ; le navire est pris cette fois dans le sens de sa longueur. La panique est universelle. Vivres, poudres, tentes, fourrures et traîneaux sont entassés sur le pont. Hélas! où se réfugier, le bâtiment une fois entr'ouvert?

Personne n'y avait songé. La vérité est qu'il n'y a plus à la ronde un seul glaçon resté intact, pas un seul bloc qui soit en repos et qui nous puisse offrir un refuge; tout s'agite, se cabre et tournoie dans une inextricable confusion.

« Les chiens avaient sauté sur des caisses et regardaient d'un air hébété l'assourdissant combat des glaces. On se hâta de les attacher. *Soumbou*, un des deux chiens de Laponie, avait perdu ses allures de renard; son œil si malin était devenu humble et timide; il tendait la patte à tout venant, sans qu'on l'en priât. L'autre lapon, le petit Pékel, lié à l'échelle de bâbord[1], sauta sur moi en aboyant, quand je lui apportai sa nourriture et me lécha la main tout en jetant des regards interrogateurs sur la glace. Quant aux énormes terre-neuve, pareils à des chamois effarouchés, ils demeuraient accroupis, sans bouger, sur un tas de barriques.

« Tout à coup, à quatre heures du matin, les pressions se calmèrent. Nous profitâmes de ce répit inespéré pour examiner plus à loisir notre situation. Le charpentier inspecta les coutures du pont; elles étaient encore intactes; les baux[2] n'avaient pas non plus trop souffert, et il n'y avait que 32 centimètres d'eau dans la cale; seuls les crampons de fer de l'hélice avaient été arrachés.

« Cet heureux résultat était uniquement dû à la solidité de notre navire et à sa forme arrondie. Ajoutons qu'il se redressa suffisamment pour qu'on en pût monter sans peine les escaliers.

« Ravis d'en être quittes à si bon marché, nous allâmes goûter un peu de repos dans nos chambres. Nous dormîmes désormais tout habillés, car cette alerte était pour nous une leçon: elle nous avertissait de nous défier du moindre bruit perçu dans la glace, et d'être toujours en éveil, comme une

1. Côté gauche d'un navire, en regardant de la poupe (arrière) à la proue (avant).

2. Poutres qui soutiennent le pont d'un navire.

population qui vit sur un sol sujet aux tremblements volcaniques. Nous avions, d'ailleurs, devant nous la longue nuit polaire, avec ses épouvantables froids; nous ne savions pas vers quelles régions inconnues du globe nous pouvions encore être poussés, et, par-dessus tout, nous ignorions quelle serait la fin de cette singulière odyssée. »

Le 24, la clarté du soleil était devenue si faible que, de deux à trois heures de l'après-midi, les lampes restaient allumées dans l'intérieur du bâtiment. Le 27 à midi, le soleil n'était

LA MAISON DE CHARBON.

plus qu'à peine visible au-dessus de l'horizon; le lendemain, il disparaissait pour toute la période d'hiver.

L'équipage avait bâti sur la glace, à l'imitation des naufragés de la *Hansa*, une maison en briquettes de charbon.

Pauvre maisonnette! En était-il une au monde qui fût moins sûre de durer? Tout la menaçait: la tempête, qui en pourrait emporter la toiture; le soleil, qui, à son retour, en liquéfierait les jointures maçonnées au moyen de neige; le feu du foyer, qui, au moindre relâchement de surveillance, en dévorerait les parois; le sol lui-même, qui au premier choc s'entr'ouvrirait instantanément et la précipiterait dans l'abîme.

Pour commencer, dès le 30 octobre, survinrent, à la suite d'une pression, plusieurs fêlures de la glace qui eurent pour effet de séparer du navire ladite maisonnette.

Fort heureusement pour nos voyageurs, ce premier soulèvement des glaces avait eu lieu à une époque où ils y voyaient encore clair; que serait-il advenu d'eux s'il les avait, au contraire, surpris en pleines ténèbres arctiques? Combien, tout au moins, une panique aveugle dans ces circonstances eût-elle pu amener de catastrophes, faciles à éviter avec du sang-froid et de la réflexion!

Le journal de Payer donne des détails émouvants sur la vie effroyable que l'ont menait à bord du *Tegetthoff*.

A partir du 14 octobre jusqu'à la fin du mois, les pressions se renouvelèrent quotidiennement, pendant le jour ou pendant la nuit. Tous les objets nécessaires aux besoins de la vie et de l'hivernage avaient été soigneusement empaquetés et chargés sur des traîneaux; par surcroît de précaution, les chiens restèrent souvent attelés aux sangles pendant trois jours consécutifs. On dormait tout habillé pour être prêt à quitter le navire au premier signal.

Le 21, par 77° 48' de latitude nord, l'intensité du froid (29° au-dessous de zéro) permettait d'espérer que la soudure des glaces ne tarderait pas à s'opérer d'elle-même. La lune se montra entourée d'un immense halo [1], et éclaira la mélancolique solitude où se trouvaient relégués les voyageurs, à l'une des extrémités du monde.

« L'homme s'habitue à tout, écrit le lieutenant Payer dans sa relation; cependant nous ne pûmes jamais nous accoutumer à ces commotions journalières et à l'horrible anxiété qui les accompagnait. Toujours s'attendre à une catastrophe et se dire : Est-ce pour aujourd'hui ou pour demain, ou pour

1. Cercle brillant et ordinairement coloré, qu'on aperçoit quelquefois autour du soleil, de la lune et des planètes.

dans un an? Il y a là de quoi devenir fou. Toutes les nuits, ou peu s'en faut, sauter hors du lit et courir avec effarement à travers les ténèbres! Nous étions devenus

LE HALO.

comme des espèces d'animaux sauvages. Le triple mouvement de se lever, de prendre un fusil avec le sac contenant les objets à sauver, puis de gravir l'escalier du pont, n'était plus pour nous qu'un acte purement mécanique. Appuyés sur le bordage tremblotant du navire, nous regardions ensuite, pendant un temps plus ou moins long, les glaçons se tordre et se culbuter ; après quoi, hâves de fatigue et d'insomnie, nous rentrions, jusqu'à la prochaine alerte, dans l'intérieur de notre prison. »

CHAPITRE III

Hivernage. — Excursion sur la glace. — Le 1er janvier 1873. — La vie à bord. Insurrection des glaces.

La nuit polaire était commencée et, jusqu'au retour du soleil, il ne restait qu'à s'enfermer dans une complète immobilité.

Dès les premiers jours de novembre, les voyageurs se trouvèrent plongés dans un crépuscule profond ; avec ses agrès[1] rigides et blancs, le *Tegetthoff* se dessinait comme un spectre sur le fond azuré du firmament.

Tous les préparatifs d'hivernage étaient terminés. On avait abattu les huniers[2] pour diminuer la pression du vent, et laissé uniquement quelques voiles, afin qu'en cas de délivrance inopinée le navire fût apte à marcher. L'avant seul du bâtiment fut recouvert d'une tente en forme de pavillon; à l'arrière, maintenu libre à dessein, l'on entassa tout le matériel de sauvetage : vivres, poudres, traîneaux, etc. On éleva autour du navire un énorme rempart de glace et de neige, qu'on eut soin de réparer à neuf après chaque pression. Les couches de neige successives qui s'amoncelèrent sur le pont y formè-

1. Tous les objets qui tiennent à la mâture d'un bâtiment.

2. Voiles des mâts de hune; la hune est une plate-forme établie au sommet d'un mât qui la traverse. Le grand hunier est la voile du grand mât; le petit hunier est celle du mât de misaine (mât d'avant).

rent d'elles-mêmes un enduit propre à empêcher la déperdition du calorique intérieur.

Pendant le mois de novembre, la température se maintint généralement à 25° au-dessous de zéro; le 24, elle atteignit son minimum, 36°. Cette température fut la même en dé-

PROMENADE AVEC LES CHIENS.

cembre; le thermomètre ne descendit pas plus bas que 36°. Le ciel s'illuminait fréquemment de splendides aurores boréales.

Les pressions se renouvelaient environ un jour sur trois.

« En dehors de nos occupations intellectuelles, dit le lieutenant Payer, notre principal exercice était de faire avec les chiens de petites excursions à 2 kilomètres environ de distance sur les glaces d'alentour. Nous partions d'ordinaire avec deux traîneaux, et le fusil à la main, tout prêts à tirer pour peu qu'il n'y eût pas de lune ; car, dans ce labyrinthe très accidenté, il fallait se tenir sans cesse en garde contre les ours. Au bout de quelques pas, on perdait de vue le navire, et ce n'était qu'en retrouvant la trace de ses pieds dans la neige qu'on réussissait à s'orienter pour le retour. Ces promenades avaient, en outre, ce côté périlleux qu'on s'exposait, par la disjonction des glaçons flottants, à être coupé du bâtiment ; il fallait voir, à la moindre apparence de ce danger, hommes et attelages se replier à la hâte au travers de la glace nouvelle formée dans les interstices des gros blocs. Les chiens avaient conscience de la fragilité relative de ces chemins de traverse ; ce n'était qu'avec timidité et contraints qu'ils se déterminaient à s'y aventurer.

« Au milieu du mois, la lune ayant reparu, nous étendîmes nos excursions un peu plus loin du navire. Dans la journée, à midi, l'obscurité était complète, à part quelques minutes d'aurore boréale, dont la clarté équivalait à peu près à celle d'un premier quartier de lune. On pouvait distinguer le titre d'un livre en grandes majuscules, et discerner vaguement, à cinquante pas de distance, les plus gros cordages du bâtiment : voilà tout ; à deux pas, les yeux d'un homme étaient invisibles.

« Le 11 décembre, à la suite d'une de ces excursions, nous venions de rentrer au navire et nous avions dételé les chiens, lorsque *Soumbou* vint à nous en aboyant et suivi de près par un ours. L'enseigne Orel tua la bête à cinq pas de l'échelle de bâbord. Elle fut aussitôt dépecée sur la glace, opération que les chiens suivirent avec une grande attention. En récompense de sa vigilance, *Soumbou* reçut, pour sa part, le cœur et la langue de la victime, deux parties que nous n'avions pas encore appris à nous mettre sous la dent. En revanche, ledit *Soumbou* nous donna, le 18, un grand sujet de mécontentement, en effarouchant un renard qui s'était aventuré jusque sous les flancs du navire.

LE SPECTRE BLANC.

« Nous voici au 21 décembre ; c'est le milieu de cette effroyable période de ténèbres. Il est midi, et l'on dirait qu'il est minuit. Là-bas, au sud, flotte seulement une petite lueur crépusculaire d'un jaune pâle. Le soleil est descendu de 10° 20′,

EXCURSION SUR LA GLACE.

et il faudrait, pour l'apercevoir, être au sommet d'une montagne haute de plus de dix lieues allemandes[1].

Noël est arrivé. Avec quelle force, ce jour-là, nos souvenirs nous reportent vers la patrie ! Un festin inaccoutumé nous réunit tous, dans la soirée, à la table commune, et les liqueurs fines circulent à la ronde. Les chiens eux-mêmes ont

1. Le mille (meile) allemand géographique équivaut à 7 kilomètres 408 mètres.

LA CHAMBRE.

double et triple provende; bien repus, ils ont grand soin d'emporter le reste et de l'enfouir dans la neige, se réservant de l'y retrouver. Notre fête se termine, suivant l'usage, par une distribution de divers lots, bouteilles de rhum et cigares, que l'on tira au sort, à la grande joie de chacun.

« Le 1er janvier 1873 fut célébré avec beaucoup d'entrain. Après le repas, il y eut illumination générale du navire ; les agrès luisants flamboyèrent dans la nuit noire, sous les reflets de nos torches goudronnées, et les paysages des glaces lancèrent mille étincelles.

« On n'oublia pas les chiens. Tous, l'un après l'autre, furent admis dans la chambre des officiers, objectif constant de leurs désirs les plus ardents. Les pauvres bêtes furent tellement éblouies à la vue de nos lampes, qu'ils les prirent à coup sûr pour le soleil ; mais bientôt leur attention fut exclusivement attirée par les succulents et nombreux reliefs de notre festin, et ce spectacle parut complètement satisfaire l'idée qu'ils s'étaient forgée des merveilles de notre logement. Tous, du reste, se comportèrent modestement et se retirèrent sans tapage ; seul *Jubinal* sembla pris de courroux contre notre duplicité en découvrant que, depuis si longtemps, nous ne lui donnions en pâture que de la viande de cheval sèche et des crânes d'ours broyés, tandis que nous nagions ici dans l'abondance. Il se rua dans la cabine du lieutenant Brosch, y découvrit une montagne de macaroni et tomba dessus. Pour prévenir toute résistance de notre part, il eut soin de grogner significativement jusqu'à ce qu'il l'eût entièrement dévoré.

« Quant à *Soumbou*, il commit l'étourderie de se laisser griser avec du rhum par les matelots, si bien que les autres chiens, profitant de son ébriété, lui dérobèrent en une nuit tout ce que sa ruse avait amassé pendant des semaines, tous les trésors qu'il avait enfouis dans la neige et devant lesquels il montait si jalousement la garde. Malheureux *Soumbou!* Perfides matelots ! »

Les dispositions pour combattre le terrible froid du pôle arctique avaient été prises à bord avec autant d'intelligence que d'économie. Grâce à un poêle allemand dont les tuyaux avaient été savamment ramifiés, on maintenait sous le pont une température de 18° à 27° de chaleur, tandis qu'à l'extérieur le thermomètre descendait parfois jusqu'à 36° au-dessous de zéro, et cela, avec une consommation de charbon qui ne dépassa jamais 250 kilos par mois, même pendant la période des plus grands froids.

L'éclairage se faisait au moyen du pétrole ; on en brûlait par jour environ 1 kilogr. 400 grammes.

« Voici, écrit le lieutenant Payer, le bilan d'une de nos journées.

« Le matelot de service a éteint la lampe de nuit et allumé le poêle qui est notre soleil. Celui d'entre nous que la vapeur de charbon n'a pas tiré de son sommeil s'éveille à cet appel :

« *Signori, le sette e tre quarti, prego d'alzarsi* » (messieurs, il est sept heures trois quarts, je vous prie de vous lever).

« Il se fait une pause d'un quart d'heure, pendant laquelle les dormeurs essayent soigneusement de dissimuler leur existence ; enfin a lieu le second appel :

« *Colazion in tavola* » (la collation est servie).

« Cette phrase éloquente a raison du mutisme et de l'indifférence générale. De chaque alvéole sort un quidam revêtu du costume le plus pittoresque, et la tâche quotidienne commence.

« Sur le pont, on monte l'éternelle faction ; dans la chambre, on calcule, on dessine, on écrit, on manie le marteau et la scie.

« Le repas du matin se compose de cacao, de biscuit et de beurre ; à midi, de la soupe, de la conserve de viande, des légumes secs et du café noir ; le soir, thé, beurre, fromage et jambon. Plus d'un mets a besoin d'être préalablement amolli avant de subir la coction, car une grande partie de nos provisions sont dures comme la pierre ; l'eau bouillante et le contact du poêle ne réussissent qu'imparfaitement à les dégeler. Le beurre a éliminé par blocs, sous l'action du froid, la quantité de sel qu'il contient, et les couteaux eux-mêmes sont tellement transis que parfois, au moindre déploiement de force qu'on leur demande, ils se brisent.

« Aussi la besogne du cuisinier, auquel incombait en outre le soin de fondre la quantité de neige nécessaire, demeura-t-elle durant tout le voyage la plus pénible de beaucoup.

« Tous les dimanches, à midi, avait lieu le service divin ; on le célébrait un peu à l'étrôit, cela va sans dire, et sans faste, mais avec une gravité simple, comme il convient à une sorte d'office des morts. Au son de la cloche du bord, la poignée de fidèles se rassemblait sous la tente qui recouvrait le pont, et là, à la pâle lueur d'une lampe où brûlait de l'huile de poisson, on lisait l'Évangile, comme aux temps primitifs du christianisme.

« Après dîner venait l'heure de la contemplation. Accroupis sur la couchette, dans notre cellule solitaire, nous supputions combien de secondes l'heure contient, et ce qu'il en faut pour faire une année. Nous n'avions pas, comme certaine expédition anglaise au pôle nord, la ressource de nous divertir en jouant la comédie : d'abord, notre équipage n'était pas assez nombreux ; puis, outre que notre situation était trop sérieuse pour admettre de pareils passe-temps, nous n'aurions su, dans la geôle où nous étions renfermés, où placer le susdit théâtre, sans compter que, pour faire profiter tout notre monde du plaisir, il eût fallu donner les représentations en quatre langues différentes.

« L'état sanitaire à bord laissait naturellement fort à désirer ; nous eûmes toutes les variétés d'affections scorbutiques de la bouche et de maladies pulmonaires ; il ne se passait guère de jour que le médecin n'eût un ou deux hommes à soigner.

« Le mécanicien Krisch principalement, qui avait sans doute

LE SERVICE DIVIN A BORD.

été saisi par le froid, souffrait beaucoup; il recherchait toujours le coin du poêle et se plaignait sans cesse de frissons. Pour combattre le scorbut, nous n'avions que des ressources assez bornées : le vin, qui est, on le sait, en pareil cas, un préservatif très efficace, nous fit de bonne heure presque défaut : la pauvreté de notre approvisionnement ne nous permettait pas, même au début de l'hivernage, de donner plus de quatre bouteilles par semaine pour dix-huit hommes.

« Encore eussions-nous été vraisemblablement bien plus à plaindre, sans la chance que nous eûmes de tuer, au cours de l'expédition, jusqu'à soixante-sept ours polaires, dont la chair fraîche nous réconforta. Nous avions eu aussi l'ingénieuse idée de cultiver, dans un parterre suspendu au-dessus du poêle, une plantation de cresson et de choux, que surveillait le Tyrolien Klotz, en qualité de jardinier.

« En dehors de leurs intérêts privés, les occupations journalières de l'équipage se bornent à combattre l'invasion de la neige et à faire le quart sur le pont. Les hommes de garde sont aussi chargés de maintenir ouvert dans la glace le trou qui sert de puits, en cas d'incendie. En outre, chacun à tour de rôle doit récolter la provision quotidienne de neige destinée à être fondue. »

Pendant le mois de janvier, pas un jour ne s'écoula sans que le navire ne subît la pression des glaces. Le 22, une révolution jusque-là sans pareille se produisit.

Dès le matin, un effroyable craquement se fit entendre, et fut suivi de pulsations moins énergiques. Un sourd mugissement emplit la chambre, agitée par une trépidation semblable à celle d'une chaudière à vapeur soumise à une forte tension. Sur le pont, les voyageurs furent accueillis par un tintamarre mêlé de sifflements qui, à leur grand effroi, ne leur laissait aucun doute sur la violence extrême de cette crise. A dix pas de l'arrière du bâtiment, la glace se tassa pyramidalement ; on ne voyait pas la hauteur de ces montagnes, mais

PRESSION DES GLACES DU 22 JANVIER 1873.

on pouvait la conjecturer au bruit détonant des blocs au-dessus du navire.

Avec mille peines, au milieu des ténèbres, on amena les chaloupes près du bord et l'on prépara toutes les provisions. Une toile à voile fut engloutie et le puisard disparut. Ce ne fut qu'après beaucoup de tâtonnements que l'on réussit à trouver et à percer une couche de glace suffisamment mince qui permit d'atteindre l'eau.

L'extrait suivant du journal du lieutenant Payer, où se trouve décrit un phénomène de pression, fera comprendre au lecteur dans quelle terrible situation se trouvait, à ce moment, l'équipage du *Tegetthoff*.

« Une nuit, à peine avons-nous enfin, grâce à l'excès de fatigue, trouvé dans le sommeil un apaisement à nos soucis, que la boiserie du bâtiment se met à grincer tout près de notre oreille. On s'éveille alors et l'on écoute.

« Qu'est-ce? Rien. On entend encore crier le pas de la sentinelle sur la glace, et tant que ce pas résonne en cadence et régulier, il n'y a rien à craindre. Tout à coup, voici qu'on marche avec plus de précipitation sur le pont, et une voix crie : « Debout, les dormeurs ! hé ! deux ours ! »

« Les ours sont tués, et derechef nous nous enfonçons dans nos alvéoles. Voyons ! avant de nous rendormir, lisons encore un fragment du livre commencé. C'est justement un *Voyage en Afrique*. Puissante nature tropicale, que tu es belle, vue de ce radeau de glace ! Comme tu saisis, surtout ici, l'imagination ! « Les voyageurs, dit la relation, arrivèrent par de splendides avenues d'arbres fruitiers, de magnifiques tapis de verdures, où folâtraient des gazelles apprivoisées ; à l'arrière-plan, on apercevait des lagunes azurées où se reflétaient des palmiers... »

« Ici la paroi du bâtiment est prise d'un frissonnement, dont le bruit sinistre pénètre jusqu'au fond de l'oreille. Continuons : « Tout là-bas, à l'horizon, près des dunes de sable,

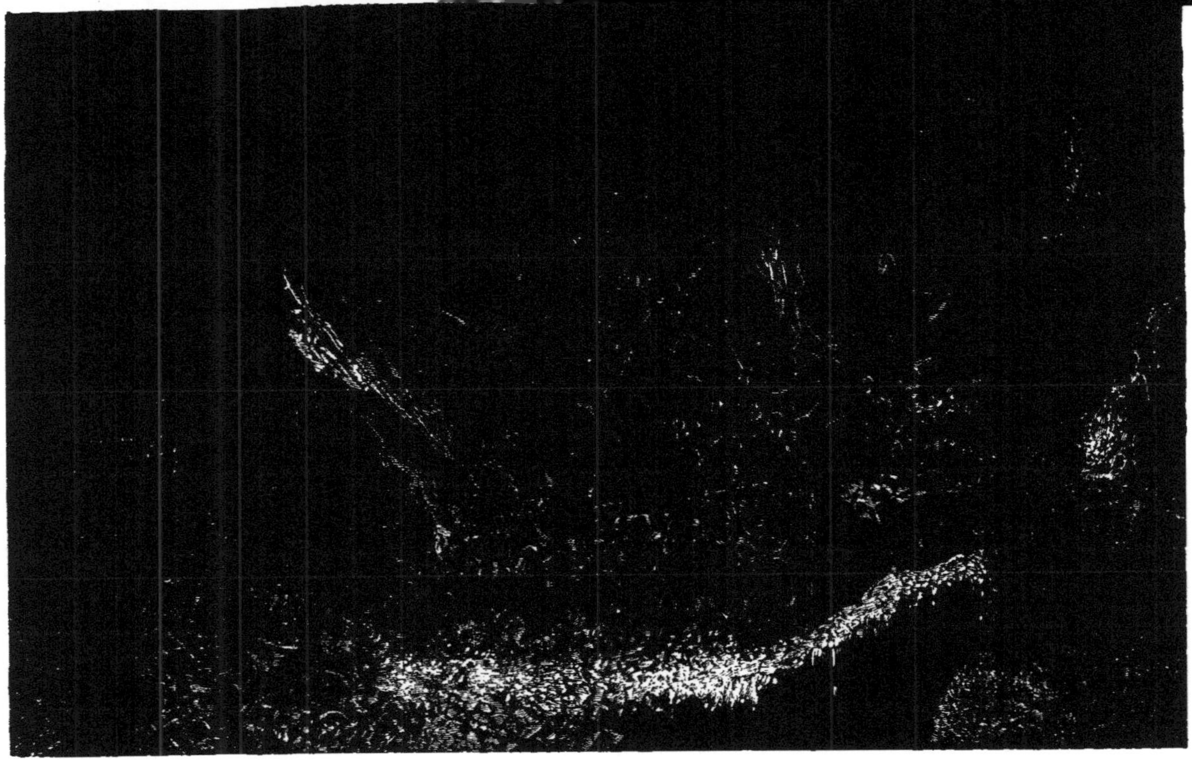

AGGLOMÉRATIONS DE GLACES

mugit la barre du fleuve, et, au delà, sur le vaste Océan, se balancent les fiers trois-mâts, dont le chargement... » Nouvelle crépitation de mauvais augure dans la boiserie; cette fois, le grincement se communique à tout le navire, qui résonne comme une immense table d'harmonie; la sentinelle jette son cri d'alarme : « Debout! vite au sauvetage! » Et chacun alors de sauter du lit, de se vêtir à la hâte, de saisir sac et fusil et de monter à l'aveugle sur le pont.

« Ce n'est qu'au moyen de l'ouïe qu'on se peut rendre compte de l'épouvantable conflit des éléments autour de soi, car on est dans une nuit profonde que nulle lanterne ne saurait éclairer.

« Ces fracas de la glace comprimée, dont les blocs se heurtent et se brisent les uns contre les autres, ont augmenté sensiblement de sonorité, à mesure que le froid s'est accru. A l'automne, alors que les plaines du *pack* ne formaient pas encore des entablements aussi énormes et aussi puissamment soudés, les convulsions étaient accompagnées de bruits graves et sourds; à présent, ce sont de véritables hurlements de rage; non, aucun autre mot ne saurait rendre la nature de ce vacarme.

« L'horrible grondement se rapproche de plus en plus; on dirait des centaines de chariots qui roulent sur un sol très raviné. En même temps, l'intensité de la pression s'accroît; déjà la glace commence à trembler immédiatement au-dessous de nous et à gémir sur tous les modes imaginables. C'est d'abord comme le sifflement de mille flèches; c'est ensuite une espèce de concert furieux où les voix les plus aiguës glapissent mêlées aux plus graves; le mugissement devient de plus en plus sauvage; la glace, tout autour du navire, se rompt en fêlures concentriques, et ses fragments fracassés roulent les uns sur les autres.

« Un rythme particulier, marqué d'effrayantes saccades, indique le point culminant de la pression. L'oreille épie avec angoisse cette modulation bien connue. Ensuite survient un craquement; quelques raies noires strient la neige au hasard; ce sont de nouvelles crevasses qui ouvrent un instant après, tout à côté de nous, des abîmes béants. C'est souvent aussi le dernier effort du phénomène. Les hautes agglomérations s'agitent en grondant et s'écroulent, pareilles à une ville qui tombe en ruine. On entend encore, par intervalles, quelques murmures; puis tout semble rentré dans le repos.

« Hélas! ce n'est, pour aujourd'hui, que le commencement; avant que le tour du cadran s'achève, les mêmes convulsions vont se répéter, plus terribles encore, à deux, trois et quatre reprises.

« Le revêtement circulaire de glaces qui protégeait le navire a été détruit dans le cataclysme. De nouveaux reliefs hérissent le pourtour de notre radeau; les blocs tabulaires se dressent perpendiculairement hors de l'Océan; le *pack* semble se soulever en vagues, témoignant ainsi de l'effrayante élasticité de la glace.

« C'est au centre de ce tourbillon que se débat le pauvre *Tegetthoff*, par un froid de plus de 37°, attendant le moment où le *pack* s'entr'ouvrira pour le dévorer.

« Mais la scène change, le combat des éléments s'apaise; toute la nature, autour de nous, redevient immobile et fixe. Quelques minutes ont suffi pour transformer notre plaine en une foule de *hummocks*[1]. Partout sont amoncelés de frais débris de glace entre lesquels bâillent des abîmes qui laissent apercevoir la mer. Les rayons argentés de la lune, filtrant à travers un rideau de nuages, éclairent doucement ce champ de dévastation. Repos trompeur, que peut troubler, d'un moment à l'autre, un nouveau bouleversement. »

1. Amas de glaces brisées et amoncelées.

CHAPITRE IV

Diminution des ténèbres. — Réapparition du soleil. — Le printemps. — L'été. Tentatives de délivrance. — Suite de la dérive.

La nuit polaire touchait à sa fin et le soleil commençait à se montrer vers l'horizon, et cependant l'intensité de l'obscurité ne diminuait pas sensiblement. Cela tenait au mouvement continu de dérive qui avait poussé le *Tegetthoff* à une distance du pôle que n'avait atteinte avant lui, dit le lieutenant Payer, aucun navigateur[1].

Depuis cinq mois, sous la double impulsion des vents et des courants, le malheureux bâtiment avait parcouru près de 650 kilomètres sur l'océan boréal, et rien ne faisait pressentir de modification dans la position de ceux qui le montaient.

Le 10 janvier à midi, on apercevait au sud une lueur déjà prononcée. Neuf jours après, à 11 heures du matin, l'horizon se colorait, au sud, d'une teinte rougeâtre, vague aurore dont l'intensité augmenta de jour en jour et qui, à la fin du mois, illuminait les premières heures de la matinée.

Cette lumière naissante n'en permettait que mieux aux voyageurs de distinguer le chaos qui les enveloppait. D'immenses

1. Le lieutenant Payer dit aucun *navigateur* : en 1861, le docteur Hayes s'était avancé *en traîneau* jusqu'à près de 82° de latitude nord ; Parry, en juillet 1828, avait même atteint 82° 45' au nord du Spitzberg, toujours *en traîneau* ; mais Payer ne connaissait pas le résultat de l'expédition du *Polaris*, qui, sous le commandement de Charles-Francis Hall, avait, le 28 août 1871, atteint la latitude de 82° 16'.

blocs de glace soulevés se dressaient autour du navire dont, à quelques pas de distance, on n'apercevait que le haut des mâts. Élevé de plus de deux mètres au-dessus de l'eau, le *Tegetthoff* reposait sur un socle de glaçons agglomérés et soudés les uns aux autres.

Pendant les quinze premiers jours de janvier, la température s'était constamment maintenue au-dessous de 37°; trois fois même, le mercure exposé à l'air se congela en masse solide. Il en fut de même de l'eau-de-vie de genièvre; l'alcool seul resta liquide [1], et cependant la neige restait toujours molle.

Le 12 janvier, un ours énorme (près de 2 mètres 30 de longueur), s'étant aventuré près du bâtiment, fut criblé de balles explosibles; mais, quoique grièvement blessé, il eut encore la force de s'enfuir.

Une chasse de ce genre, les 29 et 30 janvier, aboutit à un triste dénouement.

« A dix heures du soir, dit le lieutenant Payer, par une complète obscurité, un ours se glissa jusqu'au navire et, avec une agilité de tigre, bondit sur le chien *Soumbou*. Celui-ci fut assez adroit pour esquiver l'attaque et ses aboiements attirèrent le mécanicien Krisch, qui était de garde et qui blessa l'ours d'un coup de fusil.

« Le tapage amena sur le pont plusieurs d'entre nous, et alors commença, dans la nuit noire et sous une véritable avalanche de neige, une poursuite des plus effrénées, car l'ours s'était enfui, et le chien *Matotchkin*, plus valeureux que prudent, s'était élancé tout de suite sur ses traces.

« La battue, fort difficile par un pareil temps et à travers de perfides crevasses dissimulées sous la neige, devint de plus en plus faible, et je finis par me trouver seul avec le matelot Vincent Palmich. Nous ne voyions et n'entendions plus rien;

1. Le point de congélation du mercure est 40° au-dessous de zéro, celui de l'alcool pur 90°.

de temps à autre seulement, quelques sons plaintifs frappaient notre oreille.

« Nous hâtâmes le pas tant bien que mal, à travers l'épais tourbillon, et nous aperçûmes, à la lueur douteuse de notre lanterne, le pauvre *Matotchkin* étendu par terre et hurlant; à quelques pas de lui était l'ours, et, tout près de l'ours, *Soumbou*, qui, chaque fois que le monstre essayait de faire un mouvement, lui mordait le pied.

« Sans doute *Matotchkin*, dans son ardeur, avait pourchassé la bête de trop près; celle-ci l'avait saisi et emporté.

« Il n'y avait pas un instant à perdre pour sauver le pauvre chien, et pourtant nous ne pouvions tirer d'où nous étions, car il faisait si noir que nous ne voyions pas la mire du fusil. Sur l'entrefaite, l'ours se remit à entraîner *Matotchkin*, et un coup de vent éteignit notre lanterne.

« Que faire? Nous entendions les cris de détresse du pauvre animal; mais il n'y avait plus moyen de lui porter secours, et nous dûmes prendre la parti de regagner le navire.

« Le lendemain à midi, l'atmosphère étant suffisamment claire, le lieutenant Brosch, les Tyroliens et moi, nous sortîmes pour nous mettre en quête du malheureux chien. A peine étions-nous dehors, que la tourmente de la veille recommença et que le ciel s'assombrit de nouveau.

« A chaque pas, nous tombions et nous enfoncions, et bientôt nous fûmes littéralement couverts d'un enduit de neige et de glace.

« Après de pénibles circuits, nous découvrîmes une tache de sang que *Soumbou* se mit à suivre en courant devant nous, tandis que le chien *Gillis* se tenait prudemment à nos côtés. Au bout d'un tiers de mille environ, *Soumbou* rebroussa chemin d'un air animé, puis recommença de nous précéder. Enfin il s'arrêta près d'un *hummock*, et, redoublant d'abois, fit mine de s'élancer dans cette direction.

« Plus de doute : l'ours était retranché derrière cet abri, et c'était là que *Matotchkin* avait trouvé sa triste fin. Nous nous avançâmes rapidement, tout prêts à tirer ; quand nous

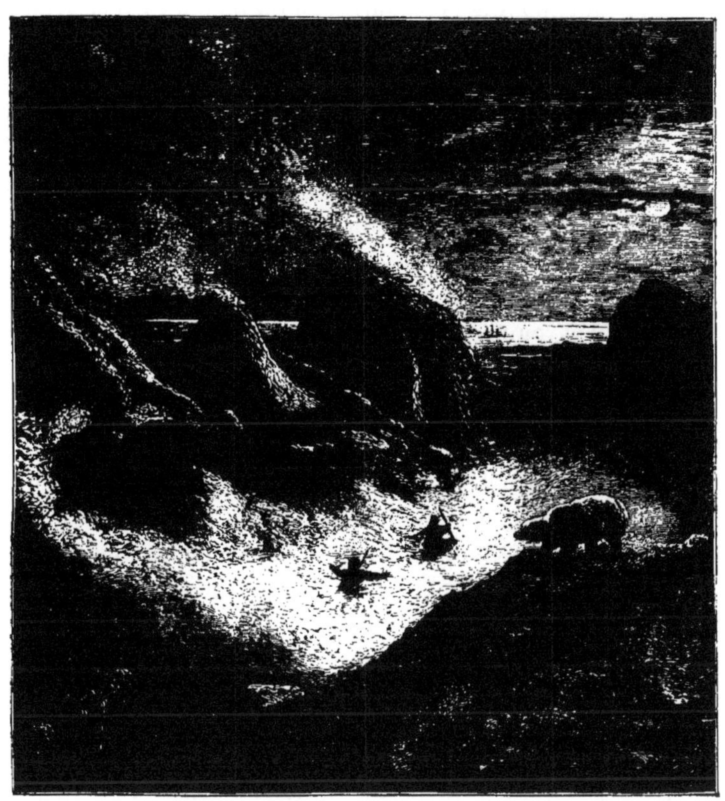

MORT TRAGIQUE DE MATOTCHKIN.

fûmes à vingt pas des blocs, un ours, qui paraissait blessé, sortit de l'anfractuosité.

« Plusieurs coups de fusil partirent. La bête tomba, puis, se relevant avec effort — car elle avait l'épine dorsale fracassée, — se mit à se traîner, à la façon d'un morse, sur ses pattes de devant, en ramenant après elle ses pattes de derrière, dans l'intention évidente de franchir une plaine de neige au delà de laquelle se trouvait une *wacke* recouverte d'une couche de glace nouvellement formée.

« Ce ne fut qu'après deux autres coups de feu à balles explosibles qu'elle tomba morte devant nous. Nous avions vengé *Matotchkin*, dont nous ne tardâmes pas à retrouver le cadavre derrière l'*hummock* déjà mentionné.

« L'infortuné chien gisait sur le dos, la tête enfouie dans la neige, le ventre ouvert, et les intestins en partie dévorés. On distinguait tout auprès de lui un sillon profond dans la neige; l'ours avait visiblement passé toute la nuit à dormir là, sans souci, à côté de sa victime. Le monstre mesurait 1 mètre 80 de long; on fit venir l'équipage pour le dépecer et le transporter au navire. »

Le 1er février, le thermomètre haussa jusqu'à 1°,25 au-dessous de zéro; mais presque aussitôt les froids reprirent, et la moyenne du mois ne fut pas de moins de 35° au-dessous de zéro. La clarté du jour augmentait, et dès le 3 février, à dix heures du matin, on pouvait lire le thermomètre sans le secours de la lampe. Vers le 15, les glaçons recommencèrent à projeter des ombres.

Au fur et à mesure que l'accroissement du froid avait augmenté les obstructions de la mer, le mouvement de dérive des glaçons qui encastraient le *Tegetthoff* s'était graduellement ralenti; de plus, l'influence du courant des glaces sibériennes en avait modifié la direction. Jusque-là cette direction portait droit à l'est; en février, elle s'infléchit au nord-ouest, ce qui donna aux explorateurs la pensée qu'ils pourraient bien

1. Cette terre, située à l'est du Spitzberg, par 80° de latitude nord environ, a été découverte par le Hollandais Giles ou Gillis, en 1707. Elle n'a été retrouvée que dans ces derniers temps, en 1864, par le Norvégien Tobiesen; mais il ne put y aborder. Elle n'a pas été revue depuis, malgré les recherches qu'en ont faites le capitaine Haasgen en 1869, et MM. Payer et Weyprecht dans leur première expédition de 1871.

être poussés dans le voisinage de la fameuse *terre de Gillis*.

En attendant, et dans l'idée que, pendant l'été, quelques portions de leur glaçon pourraient se détacher et se porter vers le sud, ils déposèrent, à 2000 mètres autour du *Tegetthoff*, un certain nombre de bouteilles bien closes, contenant le résumé de leur aventureuse navigation.

LE RETOUR DU SOLEIL.

Le *Tegetthoff* se trouvait alors par 78° 15'. A cette latitude, c'était le 19 février 1873 que le soleil devait reparaître à l'horizon des explorateurs. Mais, grâce à la réfraction produite par la basse température de 37°,50 au-dessous de zéro, ils purent saluer ses premiers rayons dès le 16.

« Avec le même recueillement que jadis les Assyriens sur les bords de l'Euphrate, dit le lieutenant Payer, nous guettions, du haut des mâts et des icebergs, l'apparition du dieu rayonnant.

« Une onde lumineuse qui fit tressaillir l'horizon nous annonça l'instant solennel, et tout de suite après, le soleil émergea, entouré d'une bande purpurine. Tout le monde gardait le silence. Quelle parole, quel cri eût pu rendre le ravissement de nos cœurs épanouis?

« Comme en hésitant, l'astre éleva à peine la moitié de son disque; on eût dit que ce monde désolé n'était pas digne de contempler sa face tout entière.

« Des colosses de glace se collèrent, comme autant de sphinx, sous cette soudaine illumination; les rigides écueils et les hautes murailles dentelées allongèrent leurs ombres sur l'étincelant miroir de neige, et des reflets rose tendre se répandirent de toutes parts sur le froid paysage polaire. Avec cette tiède immersion de lumière commençait véritablement la nouvelle année. Quel destin nous réservait-elle?

« A peine le soleil renaissant eut-il, pendant quelques minutes, montré son front au-dessus de l'horizon, que son rayonnement s'éteignit de nouveau; une morne teinte violette envahit tout, et les étoiles se remirent à briller en tremblotant au firmament assombri.

« Nous avions profité de l'instant fugitif pendant lequel avait brillé l'astre bienheureux, pour jeter les uns sur les autres un regard de curiosité.

« Quelle ne fut pas notre surprise à la vue des changements que la longue période de ténèbres avait apportés dans notre extérieur! Une pâleur livide couvrait nos visages amaigris; la plupart d'entre nous, le nez émacié et proéminent, l'œil creux et fatigué par l'éternelle lumière des lampes, avaient l'air de relever de maladie.

« Heureusement, la bienfaisante influence du jour eut bientôt fait disparaître ces signes morbides et rendu aux figures leur coloris naturel. La gaieté générale revint également; nous bâtîmes une maison de glace, sans toiture, avec une façade ouverte du côté du sud, et, dès qu'il y avait une journée de beau temps et de calme, nous quittions la lourde et sombre atmosphère du navire pour aller dans ce lieu de plaisance nous exposer, comme des lézards, aux chauds rayons du soleil. »

Les visites d'ours devenaient de plus en plus fréquentes. Le 17 février, on en tua un qui avait 1 mètre 50 de longueur. Le 20, dans la matinée, un autre ours s'approcha du navire; on le manqua et il s'échappa. Trois hommes lui donnèrent la chasse par un froid de 40°. L'un d'eux revint bientôt avec la figure gelée. Les deux autres ne rentrèrent qu'au bout de plusieurs heures; non seulement ils n'avaient pas tué l'ours, mais encore ils avaient les deux pieds gelés à tel point que l'on crut l'amputation nécessaire. Il fallut frictionner pendant plusieurs heures les parties malades, avec de la neige, pour y ramener la vie. Ensuite survinrent des douleurs aiguës accompagnées d'engelures grosses comme le poing et de nombreuses ampoules. Le mal ne céda, au bout de plusieurs jours, que grâce à l'emploi persévérant de compresses de neige.

Le 24, par 42°,50 au-dessous de zéro, à travers les vapeurs sombres de l'horizon, le disque du soleil apparut plat, sans rayons et de couleur de cuivre. Par suite de ce même effet de réfraction[1], le soleil ou la lune semblaient parfois se lever à plusieurs reprises, puis disparaître ou bien s'arrêter, pendant un certain temps, à une hauteur déterminée.

A la fin de février, on célébra à bord le carnaval. Quoique personne ne fût disposé aux folies, tous les hommes de l'équipage voulurent se masquer et se coiffèrent d'une boîte à conserves vide. Le roi de la fête fut le chien *Soumbou*, que l'on déguisa en dragon de la fable.

1. La réfraction est le changement de direction qui se fait dans un rayon lumineux, lorsqu'il passe obliquement d'un milieu dans un autre.

Avec le mois de mars commença ou fut censé commencer le printemps.

« Hélas! dit le lieutenant Payer, où était pour nous le renouveau? Au lieu de la tendre et riante germination des plaines et des bois, nous n'avions devant les yeux qu'une aveu-

LE TEGETTHOFF EN MARS 1873.

glante solitude. Au lieu du parfum de jeunes fleurs, nous ne respirions qu'une atmosphère chargée de neige, un brouillard acéré où flottaient des aiguilles de glace et au travers duquel nous apercevions, presque chaque jour, de rigides et dormants parhélies[1]. »

Pendant ce premier mois de printemps, la température

1. Le parhélie est l'image du soleil réfléchie dans une nuée.

moyenne fut de 31° au-dessous de zéro; mais l'intensité de la lumière augmentait de jour en jour. Le 10, les reflets roses du crépuscule restèrent toute la nuit sur l'horizon, et à minuit il faisait aussi clair qu'à midi dans les derniers jours de décembre.

D'un autre côté, le *Tegetthoff* se débarrassait peu à peu de de son manteau de givre, et le 22 il avait retrouvé sa couleur noire.

Cinq jours après parurent les oiseaux. Ces avant-coureurs de belle saison étaient de petits plongeons qui voletaient au-dessus du navire et allaient s'abattre dans les rares flaques d'eau vive restées dans la glace, pour y happer les crustacés qui s'y trouvaient en grand nombre.

On manquait de chair fraîche, et depuis quelque temps les ours se faisaient rares. Le 15 mars, il en vint un aux abords du bâtiment. Les aboiements de *Pékel* nous ayant avertis à l'avance de son approche, il trouva tout un front de chasseurs échelonnés derrière les blocs et prêts à le recevoir. L'ours s'avançait sous le vent, comme de coutume, et s'intéressait fort à nos bâtisses; il escalada un haut et mince récif de glace et s'assit au sommet, en se balançant le museau en l'air.

Cette posture parut d'un comique irrésistible à quelques-uns de nos chasseurs; ils partirent d'un éclat de rire si bruyant que l'animal, étonné, descendit de son observatoire et se remit à marcher d'un air indécis, toujours dans la direction où nous étions. Lorsqu'il fut assez près, on l'étendit mort d'un coup de feu.

C'était un individu de la petite espèce; il n'avait absolument rien dans l'estomac.

Voici enfin le mois d'avril, le temps des *chandelles de glace*. On appelle ainsi ces innombrables stalactites, ces longues guirlandes de larmes rigides qui s'étirent et se suspendent au bord de tous les objets, aux lisses du navire, aux vergues, aux cordages, aux écueils de glace dont l'évaporation arrondit de plus en plus les arêtes aiguës.

Avec le changement de saison, tout se modifiait profondément autour des explorateurs. Les bandes de plongeons et de mouettes se succédaient plus nombreuses de jour en jour; le 11 avril, le soleil se levait à deux heures du matin; dès le 16, il ne se couchait plus, et le 20, le thermomètre marquait 6°,25 au-dessus de zéro; souvent apparaissaient de magnifiques parhélies composés de six et de huit soleils.

Cependant tous ces changements s'effectuaient trop lentement au gré de l'impatience des malheureux emprisonnés par les glaces encore solides. Chaque jour, en montant sur le pont, ils interrogeaient de l'œil les alentours; rien ne semblait bouger, tout conservait les formes depuis trop longtemps connues dans leurs moindres détails.

Pour se soustraire à un pénible désœuvrement, on se créait des occupations; les uns érigeaient une tour de glace, les autres tiraient à la cible; le lieutenant Payer et ses Tyroliens construisirent, avec le croc et la pelle, à travers les accidents et les défilés du *pack*, une chaussée en règle, avec des courbes, des montées et des descentes, qui demanda plusieurs semaines de travail. Chaque fois qu'il tombait de la neige, le chemin tracé disparaissait sous une épaisse couche qu'il fallait ensuite enlever péniblement. Cette rude besogne entretenait les membres des travailleurs dans une activité salutaire; mais elle eut, en outre, l'avantage d'exercer les chiens au tirage des traîneaux chargés.

« Une de nos plus vives satisfactions, dit le lieutenant Payer, fut de revoir la lumière du jour dans l'intérieur des chambres et des cabines et d'y pouvoir enfin lire sans le secours fatigant d'un éclairage artificiel. Cinq mois durant, le pétrole et l'huile de poisson avaient brûlé dans nos logements; les murs en étaient noirs de fumée, et ce ne fut pas une mince affaire que de leur rendre un aspect avenant et confortable.

LE TIR A LA CIBLE (page 57)

Mais la plus terrible corvée, ce fut de décharger la cale de tout ce qu'elle contenait, le charbon seul excepté, afin d'en ôter les croûtes de glace qui s'étaient formées sur les parois et qui, en fondant, eussent avarié les provisions. Il n'était que temps : à la fin d'avril, la température, dans cette partie du bâtiment, n'était plus que d'un degré au-dessous de zéro. Nous réintégrâmes ensuite à bord les approvisionnements de vivres que nous avions tenus exposés sur la glace; les pressions ayant cessé, il n'y avait plus de raison pour les laisser dehors.

« Un bâtiment qui, comme le nôtre, passe l'hiver au milieu d'un radeau de glace, voit se former à la longue autour de lui une couche de détritus de toute sorte, dont la cendre de charbon brûlé constitue l'élément principal. Tous ces objets étant plus foncés que la neige et absorbant plus de calorique, il s'ensuit qu'ils accéléraient la fonte ou l'empêchaient, en agissant comme isolateurs, selon qu'ils se trouvaient en amas plus ou moins denses et considérables. Aussi la zone attenante au navire représentait-elle un pêle-mêle de dépressions grandes et petites, en forme d'entonnoirs et de plates-formes spacieuses, sous lesquelles l'hiver continuait à dormir son froid sommeil. C'est pourquoi aussi, quand le dégel arriva, nous nous vîmes environnés d'une foule de lacs, d'îles et de canaux, entre lesquels nous dûmes jeter des passerelles de bois.

« On travailla également à débarrasser le navire, d'abord du rempart de neige qui lui avait servi pendant l'hiver de revêtement extérieur, puis de la couche durcie et épaisse de plus d'un pied qui se trouvait sur le pont.

« L'hélice avait été un peu endommagée par les pressions; mais comme, dans les mois qui suivirent, aucune voie d'eau un peu considérable ne se déclara, il est probable qu'en dépit de sa position exhaussée, le bâtiment n'avait reçu aucune atteinte dangereuse dans ses œuvres vives et ses jointures.

« Vers la fin d'avril, la force du vent produisit un relâchement sensible dans les glaces ; des raies sombres, qu'on discernait de tous côtés au-dessus de l'horizon, indiquaient la présence de fêlures; mais c'était encore à une distance telle qu'on ne pouvait rien apercevoir, même du haut des mâts. Nous accueillîmes néanmoins ces symptômes avec la plus vive confiance, et lorsque, le 2 mai, nous perçûmes dans le lointain le grincement bien connu des pressions de glace, ce fut pour nous, non plus un sinistre avertissement, mais un bruit de favorable augure. Les trois quarts d'une année s'étaient écoulés depuis notre emprisonnement, et nous aspirions à l'heure de la délivrance avec une ardeur de plus en plus tenace. Il nous semblait qu'une fois dégagés de l'étreinte qui nous enserrait, nous pourrions atteindre, sinon le légendaire pays de Gillis, tout au moins la côte déserte de la Sibérie.

« Quant à compter encore découvrir des terres nouvelles, au cours de notre dérive, c'était là une visée que des esprits tout à fait extravagants pouvaient, ce semble, être seuls à nourrir. En réalité, nos vœux étaient si modestes, que la rencontre du plus petit écueil eût amplement satisfait notre amour-propre d'explorateurs.

« Sans se soucier de nos projets, la nature continuait d'obéir à ses lois. La neige se remit à tomber en abondance et ensevelit de nouveau la glace sous un blanc manteau; le 2 mai, le thermomètre descendit encore à 18° au-dessous de zéro, et le milieu du mois fut marqué par de sombres brouillards et de continuelles bourrasques. »

Jusque-là on n'avait aperçu que des plongeons et des mouettes. Le 24 mai parurent des oiseaux d'un ordre plus relevé, des choucas (*Alca arctica*), dont la chair est exquise, puis le majestueux *Larus glaucus;* et bientôt les bords des petits étangs furent fréquentés, nuit et jour, par une quantité de volatiles qui poussaient des cris étourdissants.

Le 26 mai eut lieu une éclipse partielle de soleil, qui obscurcit environ un quart du disque et qui dura une heure cinquante six minutes.

« Nous avions prévu le phénomène, dit le lieutenant Payer; seulement, faute d'avoir bien calculé le moment précis où il devait se produire, nous eûmes l'inadvertance de nous mettre en posture d'observation deux heures plus tôt qu'il n'eût été nécessaire. Comme chaque homme du bord qui pouvait disposer d'un instrument s'empressa de faire comme nous, il advint que le pont du *Tegetthoff* se couvrit instantanément d'un hérissement de télescopes braqués sur le ciel qui n'en pouvait mais.

« Après quelques minutes d'attente vaine, nous reconnûmes notre erreur; mais nous n'en demeurâmes pas moins avec aplomb chacun à notre lunettte, dans la crainte de compromettre, par un aveu d'erreur, la dignité de la science aux yeux de notre équipage.

« Quel héroïsme! mais aussi quel supplice! Épier deux heures durant une éclipse solaire qui n'arrive pas, et sachant qu'elle n'arrivera pas!

« Enfin l'astre s'obscurcit : ce résultat nous était bien dû. Je remarquai toutefois que le phénomène était accueilli par nos gens avec quelque défiance, et je ne jurerais pas que, sans l'extrême éloignement et l'impossibilité manifeste d'une connivence de notre part, ils n'eussent été enclins à voir dans tout cela une jonglerie. Klotz surtout, pendant toute l'opération astronomique, ébauchait de certains sourires qui donnaient fort à penser.

« Entre temps, le nombre des passagers de notre radeau s'était augmenté de quelques têtes, à savoir quatre jeunes terre-neuve qui nous étaient nés le 1er mai. Une tente élevée sur la glace et bien chauffée reçut ces nouveaux venus, qui nous promettaient le futur renfort d'un attelage supplémentoire; malheureusement, un de ces petits monstres étouffa ses frères pendant leur sommeil, et il fut désormais seul à teter. On lui donna le nom de *Torossy;* au bout de quelques semaines, il courait déjà sur le pont en mordillant tout ce qu'il trouvait, et il fut bientôt le favori tant des hommes que des autres chiens. Les uns et les autres le gâtèrent même si bien, qu'il devint d'une effronterie sans pareille : il sautait sur l'écuelle de *Jubinal* quand celui-ci était en train de manger, et *Jubinal* qui, pour tout le monde, était dans ces moments-là inabordable, se laissait retirer par lui les morceaux de la gueule. *Soumbou* lui-même, qui était un type achevé d'égoïsme, s'imposa le devoir d'élever le jeune terre-neuve.

« On verra plus tard quelle gloire s'acquit ledit *Torossy*, et comme quoi il devint un des membres les plus importants de l'expédition. »

La moyenne de la température pendant le mois de juin ne dépassa pas 1° au-dessus de zéro ; le 2, le thermomètre marquait encore 10° au-dessous de zéro, et le 29 il était à 10° au-dessus. Le 14 tomba la première pluie. Sous l'influence croissante de l'évaporation, les blocs de glace se dégradaient progressivement.

« On ne saurait s'imaginer, dit le lieutenant Payer, quelle diffusion de lumière emplit l'air des régions arctiques dans les jours sans nuages. Un véritable embrasement étreint la surface des blancs et froids radeaux, dont on voit les bords vaporeux fumer au loin, tandis que, grâce à la réfraction, les hauts icebergs paraissent changer perpétuellement de forme. Cette abondance de lumière est parfois si forte, qu'à la longue elle brûle littéralement la peau, et qu'elle finirait par aveugler si l'on n'avait soin de mettre des conserves. Par contre, la mer, à courte distance, semble d'un noir foncé, tout en conservant la teinte bleue dans les canaux étroits qui la découpent; l'azur même du ciel, comparé à l'éclat brillant de la glace, paraît presque noir. Et partout l'on entend un sussurement ininterrompu, formé des mille petites voix du dégel et du murmure d'une multitude de menues avalanches qui courent se précipiter, par d'innombrables rigoles, dans les crevasses béantes du *pack*.

« De là une humidité qui nous causa de graves incommodités; en dépit de nos bottes imperméables, nous n'eûmes pas, un seul jour de l'été, la satisfaction d'aller les pieds secs : inconvénient d'autant plus fâcheux qu'une série de travaux très importants nous obligeait de rester continuellement au dehors. »

Les voyageurs avaient, en effet, constaté que les forces naturelles seules ne suffisaient pas à briser leur prison glaciaire

SONDAGE.

et qu'ils devaient travailler eux-mêmes à leur liberté. On se mit à l'œuvre, et pendant plusieurs mois on attaqua la glace avec une fiévreuse énergie. Tous ces efforts furent inutiles. A tribord, l'épaisseur des entablements était telle, qu'après avoir foré un puits de plus de 6 mètres, on n'aboutit absolument à rien. A bâbord, grâce à des scies d'une longueur exceptionnelle et fabriquées exprès, on arrivait bien à diviser les glaçons jusqu'à une profondeur d'environ 2 mètres; au delà, la scie s'émoussait et ne rendait plus aucun service. De plus, très souvent les morceaux divisés se ressoudaient, la poussière de glace restée dans les interstices faisant l'office de ciment.

Le 15 juillet, on avait creusé autour du navire une vingtaine de trous, mais il fut impossible de les réunir artificiellement. On se décida alors à creuser un bassin d'amorce près de l'étrave[1], dans l'espoir de faciliter le démembrement des glaçons et de permettre au navire, toujours perché sur une montagne, de reprendre sa position normale. Cette opération réussit, en ce sens que, le 23 juillet, le *Tegetthoff* n'était plus qu'à 60 centimètres au-dessus de la ligne de flottaison; malheureusement, la fonte rapide des glaçons qui lui serraient les flancs rendit sa position si peu stable que, pour éviter une culbute, il fallut l'étançonner par les mâts au moyen de forts espars[2]. Les sondages opérés dans les masses de glaces voisines du gouvernail ayant prouvé qu'à près de 7 mètres de profondeur on ne trouvait pas d'eau, on dut se contenter de prolonger par un canal, à bâbord, le bassin creusé à l'avant, et on allégea le navire en transportant sur la glace 20 tonnes de charbon. Le résultat fut que le navire s'abaissa très sensiblement par l'avant dans l'eau libre, ce qui, naturellement, en haussait d'autant l'arrière.

Au commencement d'août, le thermomètre marquait 5° au-dessus de zéro; à la fin du mois, il était descendu à près de 6° au-dessous.

Depuis quelque temps, on discernait à l'horizon une sombre masse de glaces que l'éloignement empêchait de définir. Le 14 août, quelques-uns de nos voyageurs s'avancèrent dans cette direction jusqu'à une distance de 6 kilomètres. Alors on reconnut dans cette masse un iceberg d'une énorme étendue, avec deux moraines[3] latérales formées d'ardoises calcaires et argileuses, débris de quelque terre arctique.

L'origine de cet iceberg fut attribuée à la Nouvelle-Zemble, quoique sa grosseur eût dû faire écarter cette supposition;

1. Nom des pièces de bois courbes qui forment la proue (avant) d'un vaisseau.
2 Longs mâtereaux de sapin.
3. Amas de pierres déposées par les glaciers sur leurs bords et à leur extrémité inférieure.

on n'avait pas la moindre idée qu'il pût appartenir à d'autres terres, absolument inconnues, dans le voisinage desquelles la dérive avait poussé le navire. D'autres icebergs furent découverts, les jours suivants, sans suggérer davantage aux explorateurs une conjecture de ce genre.

Le 18 août, le lieutenant Payer, accompagné de quelques hommes, s'aventurait, pour la première fois, sur des glaçons flottants et, enjambant une gerçure, atteignit un iceberg qu'il escalada. Du sommet de ce mont de glace, haut de 18 mètres, il put s'assurer que les crevasses avoisinantes n'étaient que des ouvertures isolées, sans communication entre elles, et qu'aucune ne constituait un chemin navigable.

Depuis le mois de février, le navire n'avait cessé de dériver d'abord au nord-ouest, puis au nord. Le mouvement de propulsion, interrompu à la fin de février, avait ensuite repris sa marche en s'infléchissant vers l'est. Le 19 août, le navire se trouvait par 79° 29′ de latitude nord et 61° 31′ de longitude est.

« Nous passâmes la fin d'août, dit le lieutenant Payer, à chasser le phoque avec ardeur ; car ce n'était qu'à force de viande fraîche que nous pouvions conjurer, sinon du moins combattre en partie les affections scorbutiques dont nous redoutions le retour au prochain hiver. Chaque jour, des cordons de chasseurs se posaient à l'affût au bord des crevasses du glaçon, et il était rare que, le soir venu, les chiens n'eussent pas un butin respectable à véhiculer jusqu'au navire. Par malheur, il arrivait aussi maintes fois que l'animal, blessé à mort, coulait avant qu'on eût le temps de le harponner.

« Ces veaux marins appartenaient presque tous au genre *Phoca groenlandica*. Quant aux morses, nous n'en apercevions point trace, et une fois seulement nous rencontrâmes dans une *wacke* une troupe de cétacés, qui semblaient d'ailleurs n'être là que de passage.

« Nous tuâmes ainsi jusqu'à la fin de septembre une qua-

RETOUR DE CHASSE.

rantaine de phoques; comme nous tirions, en outre, tous les oiseaux qui volaient autour de nous, et qu'il n'y eût guère de semaine où l'on n'abattît un ours, nous fûmes pour longtemps garantis contre le manque de chair fraîche. Sauf le mécanicien Krisch, attaqué des poumons, et le charpentier, atteint aux jambes, tous les autres malades s'étaient rétablis, grâce au travail en plein air et à l'amélioration de notre régime. »

La saison froide approchait et la dérive continue des glaçons permettait de supposer que le second hivernage se ferait plus près du pôle qu'aucune des précédentes expéditions.

Le 25 août, le soleil se coucha à minuit. La période qui s'écoule entre le moment de la disparition complète de l'astre peut être considérée comme l'automne des régions arctiques. Le 29, après une averse de pluie et de neige suivie d'un vent du nord, le navire se revêtit d'un enduit de glace de 2 centimètres et demi d'épaisseur.

L'été de 1873 touchait donc à sa fin. Les espérances de délivrance qu'il avait fait concevoir s'étaient éteintes. Un nouvel hiver s'avançait avec son cortège de terribles éventualités. Aguerris par l'expérience cependant, les voyageurs l'attendaient avec résignation. Mais les regrets que leur faisait éprouver leur emprisonnement étaient cuisants; ne se voyaient-ils pas condamnés à revenir en Europe sans avoir réalisé leur plan, et à n'y rapporter que le récit des aventures d'un glaçon flottant?

« Étrange retour des choses d'ici-bas! s'écrie le lieutenant Payer. Juste à ce moment, à ce moment même où chacun de nous avait définitivement renoncé à l'espérance, nous touchions, sans le savoir, à l'accomplissement de nos projets les plus chers. »

CHAPITRE V

Découverte de la terre François-Joseph. — Premières excursions. — L'hiver de 1873. — Les chiens. — Retour du soleil. — L'aurore boréale.

« Le 30 août 1872, — jour à jamais mémorable, — dit le lieutenant Payer, nous nous trouvions par 79° 43' de latitude nord et 59° 39' de longitude est. Appuyés sur le bordage, nous considérions les nuées flottantes que perçait, de temps à autre, un rayon de soleil, lorsque tout à coup émerge au loin, dans le nord-ouest, pareille à une traînée de vapeur, une ligne de rochers abruptesqui , au bout de quelques minutes, se dessina en magnifique relief alpestre. Fascinés, nous refusions tout d'abord à en croire nos yeux ; puis, convaincus que nous n'étions pas les jouets d'un mirage, nous nous écriâmes avec transport : « Terre ! terre ! voici enfin la terre ! »

« En un clin d'œil, les malades se sentirent guéris et chacun se précipita sur le pont pour s'assurer de la radieuse réalité.

« C'était bien vrai ! Sans y songer et par une fantaisie voyageuse de notre glaçon, nous venions de faire une féconde découverte. Il ne nous restait plus qu'à reconnaître l'étendue et la nature de ce pays, si merveilleusement sorti du chaos polaire. »

D'un mouvement spontané, Payer, Weyprecht et quelques

autres s'élancèrent et coururent presque d'une haleine jusqu'à l'extrémité de leur *pack*, c'est-à-dire jusqu'à 6 kilomètres du navire. Arrivés là, ils se trouvaient encore à 24 kilomètres de la côte la plus voisine. Faute de mieux, ils escaladèrent un iceberg et dévorèrent des yeux ce mystérieux pays, livré par le hasard à une poignée de naufragés, et dont l'homme ignorait l'existence.

Immédiatement, en l'honneur de leur souverain, l'empereur d'Autriche, cet amas de côtes fut baptisée *terre de François-Joseph.*

Dès lors, l'origine des énormes icebergs rencontrés, en nombre toujours croissant, pendant les semaines précédentes, n'était plus un mystère. Ils ne pouvaient provenir que de cette terre inconnue dont le relief, depuis le *cap Tegetthoff* — c'est ainsi que fut nommée la première hauteur aperçue — jusqu'aux contours indécis qui se prolongeaient au nord-ouest, embrassait environ un degré de latitude.

Au commencement de septembre, les vents du nord repoussèrent les explorateurs vers le sud, ce qui ne leur permit plus d'apercevoir qu'une ligne de côtes mal définie. Ramenés vers le nord-est à la fin du mois, ils atteignirent 79° 58′, la plus haute latitude où le *Tegetthoff* fût parvenu avec son glaçon. Devant eux, à une distance de 19 kilomètres, se dessinait un groupe d'îles, qu'ils nommèrent *îles Hochstetter.*

Dans la crainte de se voir de nouveau rejetés sur le sud, ils résolurent d'essayer de gagner la terre.

« Au nombre d'une demi-douzaine, dit le lieutenant Payer, nous quittâmes le glaçon du *Tegetthoff* pour nous confier aux hasards du *pack* environnant. Ce *pack* était dans un état complet d'émiettement, par suite de l'action des derniers vents d'est, qui avaient poussé toutes les glaces vers la côte, en les comprimant avec violence. Nous franchîmes ces débris gémissants avec une précipitation toute fébrile, sans même remarquer, tant notre ardeur était grande, les ruptures qui s'y

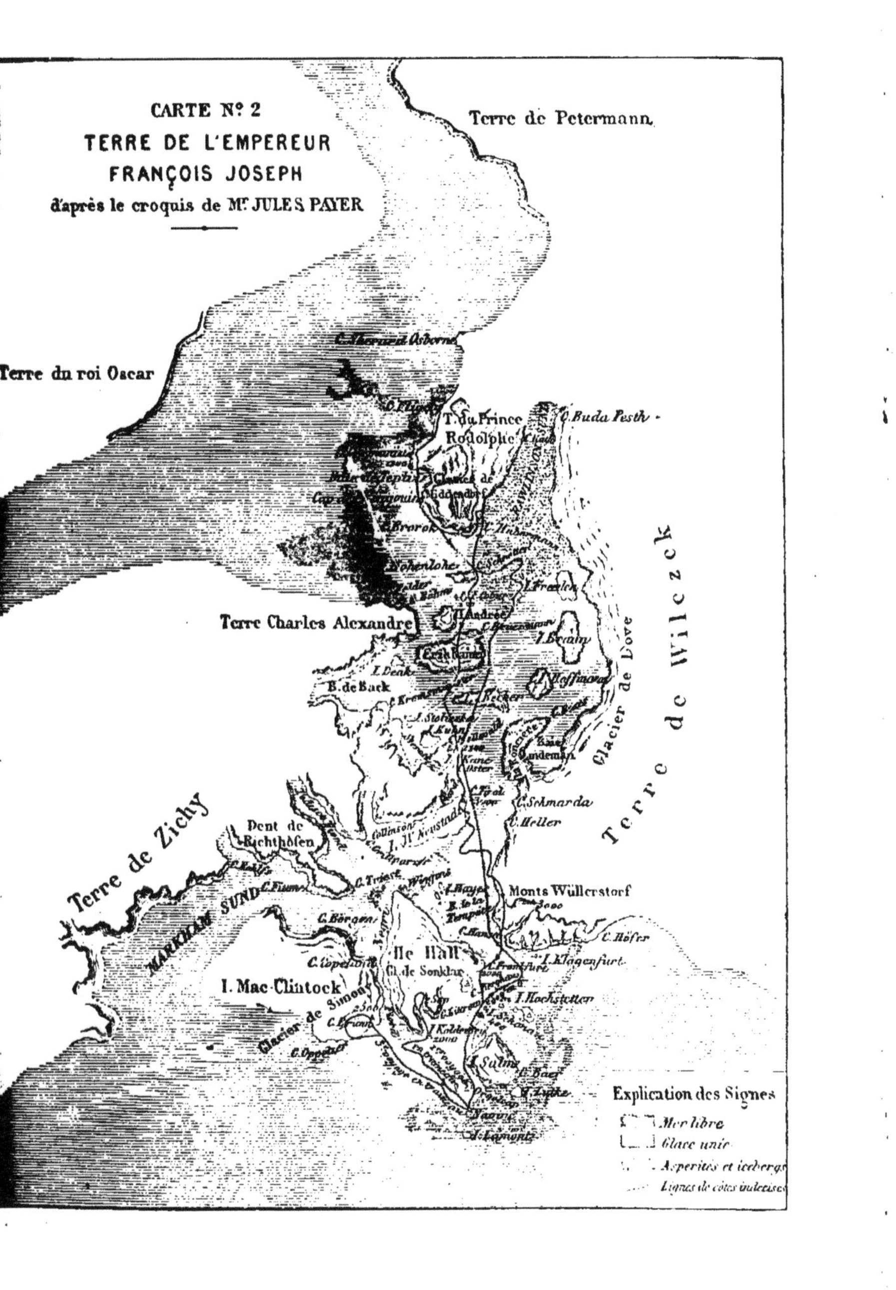
CARTE N° 2
TERRE DE L'EMPEREUR
FRANÇOIS JOSEPH
d'après le croquis de Mr. JULES PAYER
Terre de Petermann
Terre du roi Oscar
T. du Prince
Rodolphe
C. Buda Pesth
Terre Charles Alexandre
B. de Back
Terre de Wilczek
Glacier de Dove
C. Schmarda
C. Heller
Terre de Zichy
Dent de
Richthofen
MARKHAM SUND
Monts Wüllerstorf
C. Höfer
I. Klagenfurt
Ile Hall
Gl. de Sonklar
I. Mac-Clintock
Glacier de Simony
I. Hochstetter
I. Salm
C. Frankfurt
Explication des Signes
Mer libre
Glace unie
Aspérités et icebergs

produisaient et le danger que nous courions d'être à jamais coupés de nos compagnons. C'était à qui arriverait le premier à la terre promise.

« Nous avions fait à peu près une moitié du trajet, et depuis longtemps le navire avait disparu de notre horizon, quand il survint un épais brouillard qui ensevelit tout autour de nous et nous ôta complètement la vue de notre objectif. Force nous fut alors de rebrousser chemin et de chercher à nous orienter pour le retour, à travers le chaos grinçant et opaque. La chose ne fut point aisée. Nous nous égarâmes dans le dédale des barrières de glace fraîchement disloquées ; ce ne fut pas, il est vrai, la faute de notre éclaireur, le chien *Jubinal;* il s'était aperçu que nous faisions fausse route, et il ne cessait de se replier vers nous en aboyant.

« Il fallait le voir aller et venir dans la brume, qui lui grossissait les formes au point de lui donner l'air d'un monstre et de l'exposer au péril de se faire prendre de loin pour un ours. Après nous être entêtés un peu plus peut-être que de raison, nous finîmes par mettre de côté tout amour-propre pour nous en rapporter uniquement à l'instinct du bon animal. Cette confiance porta ses fruits : avec *Jubinal* pour chef de file, nous eûmes bien vite retrouvé la voie du salut, autrement dit le sentier qui aboutissait au navire. »

L'automne de 1873 fut exceptionnellement doux; mais bientôt la neige se mit à tomber abondamment et les innombrables étangs du *pack*, ainsi que les flaques d'eau libre d'alentour, reprirent leur croûte de glace. Le 9 septembre, le soleil se couchait à 8 heures du soir et l'on revit, la nuit, briller les étoiles. Les oiseaux commencèrent à émigrer; les plongeons et les mouettes partirent les premiers : le dernier tarin des neiges disparut le 28 septembre.

Ce fut également à la fin de septembre qu'éclatèrent dans le ciel les aurores boréales. Elles éclairaient au loin les crêtes sourcilleuses de la *terre François-Joseph*, donnant aux naviga-

EN ROUTE VERS LA TERRE : ESCALADE DES HUMMOCKS.

teurs la douce certitude que cette terre se trouvait toujours dans leur horizon.

Poussé contre des banquises[1], le glaçon du *Tegetthoff* se fracassait de jour en jour. Le 15 octobre, il n'avait plus, dans tous les sens, qu'un diamètre de quelques centaines de pas, et l'on commençait à percevoir, dans les boiseries du bâtiment, les crépitations sinistres, présages de nouvelles pressions.

Il n'y avait qu'un moyen d'échapper à ces menaces de destruction : quitter à temps le navire pour gagner la côte de la nouvelle terre avec tout ce que l'on pourrait emporter, ou bien se retrancher dans quelque solide anfractuosité de la banquise.

« Telles étaient nos perspectives, dit le lieutenant Payer, quand le 31 octobre, nous fûmes poussés à 15 kilomètres environ d'un promontoire assez bas, au milieu d'un cercle d'icebergs dont quelques-uns était d'une taille considérable et paraissaient dériver sur nous assez rapidement; nous étions alors par 79° 51 de latitude nord et 58° 56′ de longitude est. Le lendemain matin — il y avait 27°,50 au-dessous de zéro, — nous aperçûmes la terre devant nous, dans le nord-ouest; la netteté avec laquelle se découpaient ses lignes rocheuses nous donnait même à présumer qu'il était possible de l'atteindre en un laps de temps assez court pour que les facilités du retour n'en demeurassent point compromises.

« Aussi notre parti fut-il vite pris. Tout pleins d'une ardeur impétueuse et presque sauvage, nous nous mîmes à escalader tout d'abord les *hummocks* qui formaient la plus proche circonvallation de notre radeau. Ce premier retranchement une fois emporté d'assaut, nous nous trouvâmes sur une plaine de 3 kilomètres d'étendue, où la glace n'avait pas plus de 15 centimètres d'épaisseur.

1. Bordure de glace qui empêche d'aborder à une côte.

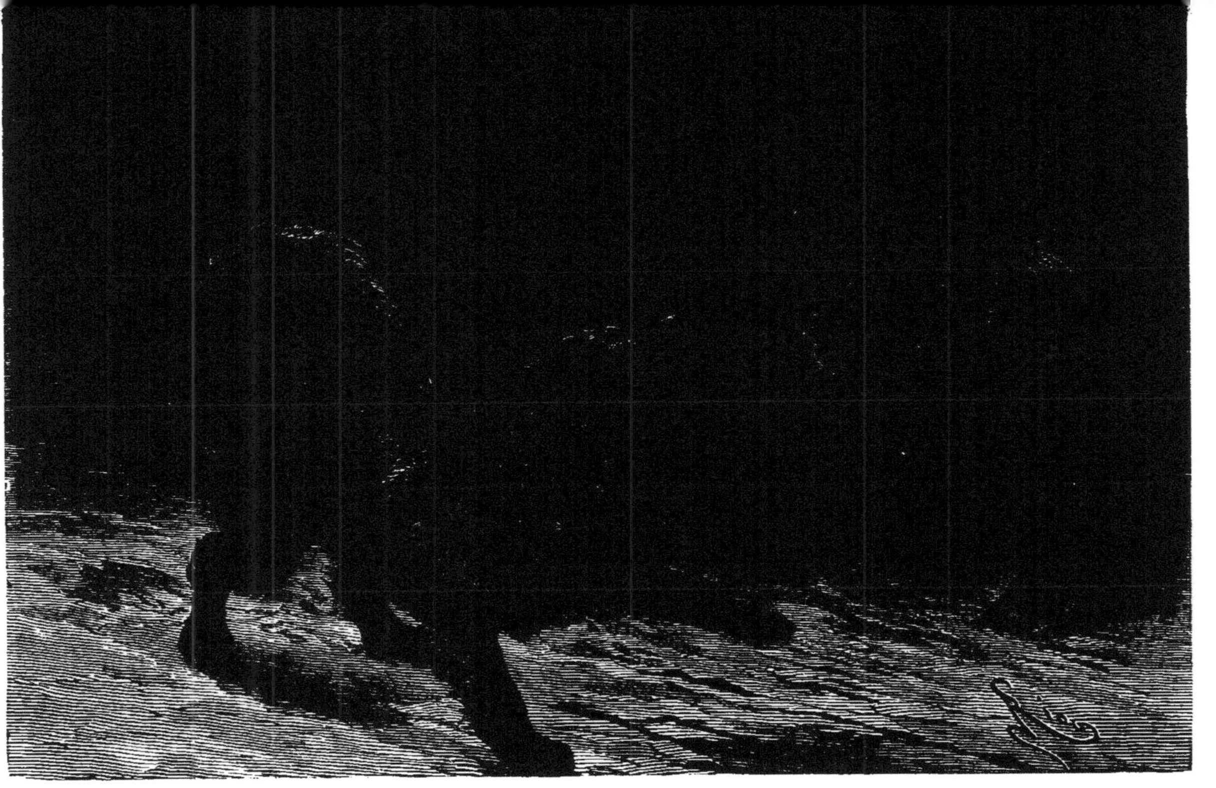

JUBINAL DANS LE BROUILLARD (page 74).

« Il y avait évidemment peu de temps que l'eau libre avait disparu de cet endroit, et, deux mois plus tôt, le *Tegetthoff*, supposé maître de ses mouvements, y eût pu voguer à son aise. De là nous courûmes tout d'une traite jusqu'à la lisière de la côte. Le sol où nous prîmes pied, composé d'un mélange agglutiné de neige, de roc et de gravois congelés de toute espèce, était bien le plus triste qui fût au monde; pour nous, ce fut comme un riant vestibule du paradis.

« Émerveillés de notre conquête, nous plongions un regard curieux dans chaque crevasse de rocher, nous touchions amoureusement chaque bloc, et nous décorions sans marchander du nom de glacier le moindre rictus empli de glace. La constitution géologique du pays était la même que celle des *îles du Pendule*, sur la côte orientale du Groenland. Quant à la végétation, elle était d'une pauvreté inimaginable et ne consistait qu'en quelques humbles lichens. De rennes ou de renards, nulle trace : toute l'île — car cette première terre explorée par nous était une île — semblait absolument dépourvue d'êtres vivants.

« Nous fîmes l'ascension d'une haute falaise d'où nous embrassâmes du regard, au sud, le panorama rigide de la mer jusqu'à plusieurs kilomètres au delà de notre navire.

« Nous nommâmes cette terre *île Wilczek*.

« Le malheur était que nous l'avions atteinte six ou huit semaines trop tard; la nuit polaire était revenue; tout au plus nous restait-il encore quelques journées où une lueur mourante de crépuscule nous pouvait permettre, à midi, de courtes excursions, insuffisantes pour satisfaire notre légitime curiosité. Or la prochaine aurore, c'est-à-dire le printemps de 1874, nous retrouverait-il à la même place et en vue du pays que nous brûlions tant d'explorer? N'était-il pas à craindre, au contraire, que les vents du nord ne nous poussassent dans d'autres parages tout à fait inhospitaliers? »

Le 3 novembre, à huit heures du matin, par une obscurité

DISPARITION DU SOLEIL.

profonde, les explorateurs allèrent visiter un glacier situé dans le nord de l'île; ils ne l'atteignirent qu'après une course de six heures, accomplie au milieu d'une rafale de neige.

Le 6, par un froid de 31°, ils passèrent jusqu'à la pointe nord-ouest de l'île Wilczek et, pour la première fois, ils franchirent le 80e dégré de latitude. De ce point, ils jetèrent des regards avides sur la *terre François-Joseph*, dont l'île ne constitue qu'une dépendance avancée.

Malgré toutes ces reconnaissances, ils ne parvinrent pas à acquérir des données certaines sur les parties de terre les plus voisines; sauf la lisière méridionale de l'île Wilczek, tout le pays restait pour eux une énigme impossible à éclaircir avant le printemps.

La nuit polaire recommençait, et chaque jour le crépuscule s'en allait décroissant. Calfeutrés de nouveau dans les chambres et les cabines, les explorateurs reprenaient l'existance à demi contemplative de l'hiver précédent. Cette fois, au moins, leurs rêveries étaient moins sombres; les fatigues endurées, les dangers courus avaient été récompensés par un beau résultat, et ils se berçaient de l'espoir de fructueuses excursions lors du retour du soleil boréal.

« D'ailleurs, dit le lieutenant Payer, tout, dans notre isolement et notre immobilité, nous était matière à distraction. Quelques-uns de nos devanciers étaient entrés en relations avec les Esquimaux; le navigateur Ross avait vécu en société d'un lemming apprivoisé, Hayes, avec un renard; Kane s'était attaché un corbeau qui ne quittait jamais le voisinage de son bâtiment.

« Moins heureux qu'eux, nous n'étendions notre protectorat que sur des souris. Sûres de notre indulgence, les gaillardes s'en donnaient à cœur joie. Douées au plus haut degré du génie de la destruction, elles avaient mangé à Carlsen deux paires de bas et un châle, à Fallesich un gilet, à Klotz un gant; je ne parle pas des objets qu'elles avaient simplement détériorés sur place, ou emportés pour leur usage dans l'entrepont.

« Elles couraient sans gêne de tous les côtés, et leurs bataillons bien repus grouillaient derrière chaque caisse. A mesure que le froid s'accrut, elles quittèrent successivement l'entrepont pour émigrer dans le logis de l'équipage. Si on les portait dehors, elles s'enfouissaient dans la neige pour essayer de se garantir du froid ; mais elles ne tardaient pas à y périr, à moins qu'elles ne fussent auparavant happées par les chiens. »

Dès le 31 octobre, les constellations nocturnes devinrent, pour la plupart, visibles à trois heures de l'après-midi ; à quatre heures, l'obscurité était complète; le 15 novembre, à midi, on ne lisait plus qu'à grand'peine les plus gros imprimés, et le 15 décembre, ces mêmes imprimés étaient indéchiffrables, même en se plaçant sous le rayonnement de la lune.

Le lieutenant Payer avait compté sur la pleine lune de décembre pour tenter une excursion du massif principal de la terre de François-Joseph; mais la rigueur du froid (37°,50) l'empêcha de pousser plus loin que l'île Wilczek.

« Dans une de ces promenades que j'avais entreprises avec les deux Tyroliens, dit le lieutenant Payer, je commis l'imprudence de leur donner, en raison du froid excessif, une ration de rhum un peu trop forte. Je m'aperçus de ma faute lorsque Haller se mit à disserter sur l'orthographe allemande. Ce qui tracassait le plus cette forte tête de montagnard, c'était la question de savoir pourquoi le mot *und* (et) ne s'écrivait pas avec un *t*.

« Quant à Klotz, il était tombé dans une profonde mélancolie et gardait l'allure taciturne d'un abstracteur de quintessence; ce ne fut qu'après être rentré à bord qu'il étonna et stupéfia même le reste de l'équipage par les réflexions tout à fait sublimes qu'il échangea avec Haller.

« L'entretien terminé, il prit congé de ses compagnons en leur serrant la main, décrocha son fusil et, sortant sans mot dire, s'enfonça dans le labyrinthe des glaces voisines.

« Nous n'apprîmes qu'au bout de deux heures, dans la chambre d'arrière, cette singulière disparition, et nous nous mîmes incontinent à la recherche du Tyrolien. Divisés en plusieurs troupes, nous explorâmes tous les environs, nous

NUIT DE DÉCEMBRE.

attendant à retrouver notre homme blessé ou transi derrière un *hummock*. Nous appréhendions que le mal du pays, le contraste qui existait entre cette longue existence sédentaire à bord du *Tegetthoff* et la vie active et accidentée à laquelle il avait été habitué dès son enfance, n'eussent dérangé sa raison et ne l'eussent porté à quelque acte regrettable. Heureusement,

LE CROQUIS DU NAVIRE A LA LUEUR DES TORCHES.

nous le rencontrâmes enfin ; il n'avait nullement l'air d'un homme qui rumine de « sinistres pensées » ; il s'en revenait, toujours digne et silencieux, dans la direction du navire. »

Le 21 décembre, on atteignit le milieu de la nuit polaire qui, cette année, dura 125 jours. Plus de crépuscule ; pendant six semaines régna la plus complète obscurité. Ledit jour 21 décembre, le soleil, même à midi, se trouvait à 14° et demi au-dessous de l'horizon, c'est-à-dire que, du sommet d'une montagne de 79 920 mètres de hauteur (!), on n'aurait pas pu l'apercevoir.

Ne comptant pas sur le repos des glaces, les voyageurs avaient simplement recouvert d'une tente la moitié du pont ; aussi, malgré les nettoyages quotidiens, la neige durcie y formait de véritables montagnes. La circulation y était difficile, non seulement à cause de la grande chaloupe, placée entre les mâts d'avant, mais encore en raison de l'encombrement formé par les caisses, les provisions, les niches des chiens, etc.

Quand il faisait beau, les chiens avaient l'habitude de se retirer sous la tente et ne souffraient pas sans grogner qu'on leur marchât sur la patte ou qu'on les dérangeât. Il y avait même des endroits, sous le pont, où l'on ne pouvait passer sans être de leurs amis. *Soumbou* avait coutume de se mettre aux aguets derrière un tonneau et de sauter sur le premier individu qui s'aventurait de ce côté. *Jubinal* avait toujours, à midi, un os de réserve qu'il tenait absolument à ronger sur la première marche de l'escalier, de sorte que, pour descendre, il fallait attendre qu'il eût fini.

Au commencement de décembre s'ouvrit pour les chiens une ère nouvelle. On leur bâtit hors du navire un vaste chenil de neige, où l'on rangea, en deux files régulières, des caisses garnies de paille, qui leur servaient de huttes ; sur chacune était inscrit le nom de l'habitant.

Les quartiers d'hiver des chiens doivent, en effet, être toujours établis sur la glace ; ceux des Esquimaux y campent même d'ordinaire sans aucun abri protecteur; laisser ces bêtes sous la tente du pont est tout à fait contraire à l'hygiène et cause d'ailleurs mille dérangements ennuyeux.

Chaque matin, le Tyrolien Haller ouvrait la porte du chenil; aussitôt toute la meute, la tête allongée et le nez au vent, se précipitait sur le *pack*, où elle commençait à batailler avec ardeur. Cet exercice préliminaire achevé, elle fondait sur le pont et tâchait, par toutes sortes de démonstrations cafardes, d'obtenir quelque morceau du premier qui y paraissait.

Si le temps n'était pas trop sombre, les malignes bêtes s'efforçaient même préalablement de flairer de loin leur homme, pour savoir quel fonds il convenait de faire sur sa générosité, et c'était vraiment curieux de les voir, pareilles à des points d'interrogation vivants, se tortiller la tête, à cause de l'accoutrement sous lequel elles avaient souvent peine à reconnaître leurs meilleurs amis. Puis, une fois édifiées sur l'identité du quidam, elles tombaient sur lui impétueusement et mettaient en jeu toute leur adresse pour se le concilier.

C'étaient alors des démonstrations à n'en plus finir, un étrange concert d'aboiements menus, de petits grognements, de toux en sourdine, un pêle-mêle de queues frétillantes, de pattes tendues, de muffles mendiants et câlins. Chacune, ensuite, fournissait à sa guise son temps de galop matinal, ou bien s'en allait chercher la place où, la veille, elle avait enfoui dans la neige quelque morceau de pain ou de phoque, non sans s'assurer au préalable, par un regard oblique, qu'il n'y avait aux alentours aucun témoin indiscret.

« Ces chers compagnons de notre pénible et aventureuse expédition, dit le lieutenant Payer, méritent bien, je vous assure, que je vous les présente individuellement.

« Regardez d'abord cette espèce de colosse roussâtre, qui vous tend sa grosse patte à peu près à la façon d'un ours; c'est le chien *Jubinal*, ainsi nommé d'un dieu de la mythologie laponne. Un voile fantastique recouvre son berceau. Ce fut un juif sibérien qui l'amena, dit-on, du nord de l'Asie, à travers l'Oural. C'est le vainqueur de tous les combats, le remorqueur en chef des traîneaux, un gaillard qui, sans effort, vous véhicule quatre hommes sur les rigides plaines du *pack*.

« A Bremerhafen, la veille de notre départ, il avait mis un mouton en pièces, ni plus ni moins que l'eût fait un loup. Tous les étés, il était sujet à une mue subite : aussi portait-il, à ce moment-là, un vêtement de toile à voiles que les matelots lui avaient confectionné.

« Le premier pour la force, après lui, c'était le chien *Bop*, un terre-neuve, qui mourait malheureusement de froid et de mélancolie pendant notre premier hivernage, un peu avant ce pauvre *Matotchkin*, dont j'ai raconté plus haut la fin si tragique.

« Nous avions embarqué, en outre, deux chiennes terre-neuve, *Novaïa* et *Semlia* (à elles deux *Nouvelle-Zemble*), dont la dernière seule survivait ; mais, à cause de son indolence, on l'employait peu aux traîneaux ; elle n'avait qu'un mérite incontesté, c'était d'être la mère du jeune *Torossy*, qui avait donné de bonne heure de si belles espérances et qui fut plus tard, je le répète, l'orgueil de l'expédition.

« La nature avait comblé *Torossy* de tous les dons qu'elle n'octroie ordinairement qu'aux ours polaires. Il ne connaissait d'autre monde que celui de l'océan Arctique, d'autre destinée que celle de tirer les traîneaux. Dès le début du second hiver, il avait fourni à cet égard des preuves merveilleuses de sa vocation. Dans son heureuse ignorance, il était sans cesse frétillant ; il frétillait, sur la glace comme sur le pont, aux trousses de tous ceux qu'il rencontrait ; il frétillait aux traits, il frétillait encore lorsque *Soumbou* lui filoutait sa pitance ; il frétillait même à la gueule des ours.

« *Gillis*, le cinquième terre-neuve, était, lui, l'antagoniste et l'ennemi irréconciliable de *Jubinal*. Personne à bord ne l'aimait, parce qu'il avait tordu le cou aux deux chats que

LES CHIENS.

nous avions embarqués à Tromsœ ; il avait le corps tout couvert de cicatrices, et passait la moitié de son temps à « l'hôpital » des Tyroliens. Avec les hommes il était, à la vérité, docile ; mais c'était un courtisan ; il avait l'air de peiner très fort au traîneau : pure feinte et hypocrisie.

« *Pèkel*, un des deux lapons, était le plus petit de nos huit chiens.

« Précédemment il avait gardé les rennes au cap Nord et sur les pâtis de Tana-Elf. Comme on ne l'attelait jamais, il était devenu obèse.

« Le plus rusé de toute la meute, c'était *Soumbou*, l'autre lapon. Dès le début, il s'était fort indigné en voyant ses camarades se prêter au remorquage des traîneaux.

« Il se sauvait alors, la queue entre les jambes, et cherchait les cachettes les plus retirées. Puis, quand il était pris et attelé, il sautait aussitôt sur le véhicule pour se faire traîner, et ne cessait de stimuler de ses aboiements l'allure des chiens, toujours trop lente à son gré. Il était du reste continuellement en mouvement, sans rival pour sauter et courir, inépuisable dans ses jeux comme dans ses malices.

« Tantôt il dérobait un cercle au charpentier, tantôt il prenait au chauffeur un sac de clous ou une bouteille, ou bien il se couchait à plat sur le ventre, son fin museau allongé sur la neige, et, sitôt qu'on l'approchait, il bondissait avec une agilité de félin. Il avait une haine des ours si furieuse, qu'il se mettait à hurler comme un loup quand on l'enchaînait pendant une chasse à ces plantigrades. Il les suivait hardiment à la trace, sur leurs talons mêmes, à de longues distances et tout seul. »

L'hiver de 1873 s'écoula sans pression et sans dérive ; le glaçon du *Tegetthoff* garda une immobilité absolue. Toutefois, malgré l'amélioration du régime, il y eut à bord beaucoup de scorbutiques.

Le scorbut[1] est le mal aux atteintes duquel les navigateurs des mers polaires sont le plus exposés. L'expédition du célèbre Hollandais Barentz, au XVIe siècle, en eut cruellement à souffrir ; celle de Munk (1619) en périt tout entière, sauf deux hommes; dans celle de Behring (1741), 42 hommes furent atteints sur 76; Rossmyslov, en 1768-1769, perdit plus de la moitié de son équipage.

La limonade, les pommes de terre crues, les fruits acides, les légumes frais, la viande fraîche, le vin, la levûre de bière et l'exercice au grand air sont la meilleure prophylaxie[2] contre le mal, qui exerce surtout ses ravages pendant l'hiver et aux approches du printemps.

Le soleil fit sa réapparition le 24 février 1874. Encore un peu de temps, et l'on allait pouvoir entreprendre les excursions à traîneau, dont on caressait l'idée depuis longtemps et dont le but était l'exploration de la terre François-Joseph.

Les voyageurs ne pouvaient songer à passer une troisième saison dans ces parages inhospitaliers. Le bâtiment restait captif sur son socle de glace, les approvisionnements n'étaient pas suffisants pour une nouvelle année, et l'état sanitaire de l'équipage, qui causait déjà de terribles appréhensions, ne pouvait qu'empirer encore pendant un troisième hiver. Aussi les lieutenants Payer et Weyprecht avaient-ils pris la résolution d'abandonner le navire, après l'achèvement des voyages de découvertes projetés, et d'essayer de regagner l'Europe au moyen des chaloupes et des traîneaux.

Le second hiver fut marqué, comme l'avait été le premier, par des aurores boréales d'un éclat inimaginable. Les formes sous lesquelles les aurores se présentaient sont fort difficiles à caractériser, non seulement à cause de leur variété, mais

1. Maladie qui a pour caractère l'affaiblissement de l'énergie musculaire et qui est fréquemment accompagnée d'une altération des gencives.

2. Partie de la médecine qui a pour objet les précautions propres à préserver de telle ou telle maladie.

encore à cause de leur mobilité perpétuelle. Le météore affectait tantôt l'apparence d'arcs flamboyants avec de beaux globes lumineux, tantôt celle d'une voie lactée ou de rubans étincelants. Le plus souvent, ces figures différentes s'engendraient l'une l'autre; mais l'apparition des franges rubanées avait

AURORE BORÉALE.

lieu vers le matin. La période de leur apparition s'étendait du mois de septembre au mois de mars.

Voici, d'après les observations du lieutenant Payer, la succession des phases d'une aurore boréale :

On voit d'abord apparaître au sud, sur l'horizon, un arc

pâle qui s'éclaire peu à peu en s'élevant vers le zénith; il est parfaitement régulier; ses deux extrémités touchent presque l'horizon et s'allongent du côté de l'est et de l'ouest, à mesure que monte le météore.

L'ensemble présente une belle couleur tendre à peu près uniforme, d'un blanc diaphane légèrement teinté de vert, assez analogue à celle d'une jeune plante qui aurait poussé à l'ombre, loin des regards du soleil. La clarté de la lune paraît jaune à côté de cette nuance délicate, très douce à l'œil, et dont les mots ne sauraient donner une idée.

La largeur de cet arc peut atteindre le triple de celui de l'arc-en-ciel; le scintillement des étoiles le traverse sans en être nullement affaibli.

Il s'élève de plus en plus, dans une majesté tranquille; de temps à autre seulement, une onde lumineuse se meut lentement d'un côté à l'autre; la scène arctique commence alors à s'éclairer et laisse voir distinctivement chaque *hummock*.

Bien avant que la ligne cintrée ait atteint le zénith, un second arc naît, au sud, du sombre segment primitif, puis est suivi peu à peu de plusieurs autres qui cerclent tour à tour ou ensemble le firmament, puis pâlissent et s'éteignent.

D'autres fois, ce sont des rubans lumineux, de même couleur que les arcs, qui se déploient et se meuvent en spires ondoyantes, de droite à gauche ou de gauche à droite, pareils aux plis retombants d'un rideau. Souvent toutes ces bandes de lumière se réunissent en un point commun du ciel.

La bizarre fantasmagorie peut enfin se compliquer d'un jet vigoureux de rayons qui convergent dans le sens de l'inclinaison de l'aiguille aimantée et embrassent littéralement de leurs trépidations et de leurs voltiges la voûte céleste. C'est alors un véritable feu d'artifice, tel que l'imagination la plus hardie ne saurait s'en figurer. Involontairement, l'on prête l'oreille comme pour saisir un pétillement, une détonation; mais le plus profond silence ne cesse d'accompagner ces mouvantes illuminations dont nul pinceau ne rendra jamais la grandiose et décevante beauté.

Revenons au *Tegetthoff*.

Le 24 février, le lieutenant Payer communiqua à l'équipage le plan arrêté entre lui et le lieutenant Weyprecht.

Il était convenu qu'avant d'abandonner le navire on ferait trois expéditions en traîneau vers la terre de François-Joseph; d'abord on explorerait la ligne des côtes dans la direction du nord; ensuite on passerait à l'ouest; enfin on pénètrerait dans l'intérieur du pays. Ces divers voyages devaient employer six ou sept semaines à partir de mars; après quoi, laissant le *Tegetthoff* sur son glaçon, on reprendrait la route du sud.

Chacun voulut prendre part aux explorations projetées. Payer décida que la colonne expéditionnaire ne se composerait que de lui-même, des deux Tyroliens et de quatre hommes de l'équipage.

A partir de ce moment, on ne se crut plus obligé d'économiser les provisions. On pouvait user largement des 200 bouteilles de vin conservées en prévision d'un nouvel hiver, des cigares et du tabac restant en magasin. Les pommes de terre et les conserves abondèrent à chaque repas, les rations de rhum furent généreusement augmentées, et chacun fut autorisé à consommer du luminaire à sa guise.

Ce fut à ce moment, où les cœurs, dégagés des cruels soucis qui les oppressaient, commençaient à se dilater, qu'arriva la mort du mécanicien Krisch.

Depuis la fin de février, sa maladie avait fait des progrès effrayants; son corps, paralysé complètement, était couvert de taches de scorbut. Et cependant il conservait l'espoir d'une prochaine guérison. Dès qu'il entendit parler des voyages projetés à la terre de François-Joseph, il demanda instamment à en faire partie.

Dans les premiers jours de mars, l'agonie qui approchait

lui enleva la conscience de ses douleurs ; le délire ne le quitta plus, sa langue, dévorée par la maladie, ne pouvait plus proférer une syllabe et de sa gorge sortait un râle sourd et ininterrompu.

LE MÉCANICIEN KRISCH.

Il mourut quelques jours après. On verra plus loin comment il fut enterré dans l'île Wilczek.

CHAPITRE VI

Les préparatifs pour une expédition polaire. — Première excursion en traineau. — Les îles Hall et Mac Clintock. — Le cap Tegetthoff. — Mort et funérailles de Krisch.

Les excursions en traîneau sont la meilleure manière d'explorer géographiquement les terres connues ou inconnues de l'extrême nord.

La première précaution à prendre est d'installer le navire dans un port sûr quelconque. Il serait téméraire et fort dangereux de le quitter avant qu'il ait accompli la navigation d'été, ou quand il est retenu captif dans les glaces. La route à suivre est la lisière glacée de la mer, parallèle au rivage, lisière dont il ne faut jamais se détourner pour affronter le *pack*. Le moment critique de ces expéditions est la traversée des glaciers, quelque faible que soit leur inclinaison.

Écoutons maintenant ce que dit le lieutenant Payer sur les avantages et les inconvénients de ce genre de locomotion.

« La saison la plus propice pour ces pérégrinations dépend de trois circonstances principales : le climat de telle ou telle région arctique, la bourrasque de neige dont la marche est accompagnée, l'aptitude des hommes à supporter de basses températures pendant la nuit. Chez les Européens, la faculté de supporter le froid ne faisant que diminuer avec le temps au lieu d'augmenter, il est indispensable, dans l'hypothèse d'une navigation de longue durée, d'entreprendre dès la première année les plus importantes de ces tournées.

« James Ross constate, par exemple, que ses hommes, à l'entrée du troisième hiver, n'avaient plus la force de résister aux rigueurs du climat boréal, et notamment à la fatigue des marches sur la glace. Dans tous les cas, il importe de choisir préférablement, si l'on peut, pour les excursions en traîneau, la saison de l'année où les tourmentes de neige sont apaisées ou n'ont pas encore commencé, c'est-à-dire, en général, l'automne. L'hiver, les courses de ce genre sont impossibles, à cause des ténèbres; au printemps, l'intensité du froid, alors à son maximum, les rend très pénibles; enfin, l'été, elles sont entravées par la dislocation des glaces côtières et l'action du dégel. Toutefois, après l'automne, l'époque la moins défavorable, relativement du moins, est la période comprise du 15 mars au 31 mai. Ce fut celle que nous choisîmes.

« Quant à la route, elle est plus ou moins praticable, selon la nature du vent et la constance de la température; c'est surtout quand celle-ci se maintient entre 18° et 31° au-dessous de zéro qu'elle se présente dans les meilleures conditions. Par un froid plus vif, il se forme un soulèvement de cristaux aigus qui rend le traînage difficile et enraye le véhicule à chaque instant. Au reste, il est fort rare qu'on ait affaire à une surface de neige polie comme l'ivoire ; trop souvent il s'y rencontre soit des couches profondes de poussière fine où l'on enfonce jusqu'à mi-jambe, soit des gibbosités ou des barrières d'*hummocks* de plusieurs kilomètres d'étendue, qui contraignent la colonne voyageuse à d'énormes détours ou lui imposent la pénible corvée de transporter un à un par delà les obstacles tous les objets dont le véhicule est chargé.

« Pour peu qu'on soit acclimaté, on supporte assez bien, durant ces marches, la basse température de 25 à 31 degrés, et les nuits mêmes vont sans trop d'incommodité.

« Il n'y a, je le répète, que les tourmentes de neige qui

soient une occasion de souffrance exceptionnelle aussi bien que de péril.

« Le point essentiel, c'est de se munir, au départ, d'une quantité de vivres suffisante ; car, dans les régions solitaires et inhabitées dont je parle ici, on n'a point de rencontre heureuse à espérer, et il ne faut même pas trop compter sur les aubaines de la chasse. Le traîneau perdu, tout est perdu. En outre, comme ce véhicule ne peut recevoir, après tout, qu'une charge limitée, il est opportun, dans beaucoup de cas, de se ménager d'avance quelques dépôts de provisions le long de la route à parcourir ; encore les endroits où l'on établit ces magasins de réserve doivent-ils être choisis avec grand soin, à l'abri des ours et des cataclysmes qui agitent et bouleversent les glaces.

« Le plus sage est d'enfouir les vivres sous 1 mètre ou 1^{m},50 de neige, dans l'anfractuosité d'une falaise à pic, à quelque hauteur au-dessus du niveau de la mer, ou de les suspendre à des parois de roche inaccessibles.

« Le remorquage des traîneaux se fait à l'aide d'hommes ou de chiens. Quant aux rennes, malgré les efforts tentés par quelques explorateurs, ils sont absolument impropres à cet usage. Ils sont capricieux, indociles et fort difficiles à nourrir. Seuls les indigènes des régions arctiques en obtiennent une obéissance apparente ; un étranger n'y peut parvenir.

« La traction par l'homme offre l'avantage de la sûreté, mais aux dépens de la rapidité. Avec un attelage mi-partie d'hommes et de chiens, l'allure s'accélère ; mais il faut avoir soin d'engager parmi l'équipage de vigoureux montagnards ; on obtient de ces grimpeurs des services que les marins ne sont pas susceptibles de rendre.

« Avec les chiens seuls, le parcours d'une journée de marche, par une bonne route, est de dix milles marins[1] ; natu-

1. Le mille marin, de 60 au degré, équivaut à 1852 mètres.

rellement, cette moyenne diminue sensiblement si le voyage se prolonge.

« Le meilleur système, celui que nous n'avons pas adopté nous-mêmes, est de se servir uniquement de chiens. Ce mode permet non seulement d'allonger autant que possible les journées de marche, mais encore d'alléger le poids mort à transporter. Les chiens ont une incontestable ardeur au travail, ils ne parlent pas de leurs appréhensions, tout en tirant sans défaillance, et supportent indéfiniment la faim; de plus, ils ne boivent ni ne fument, n'ont pas besoin d'alcool

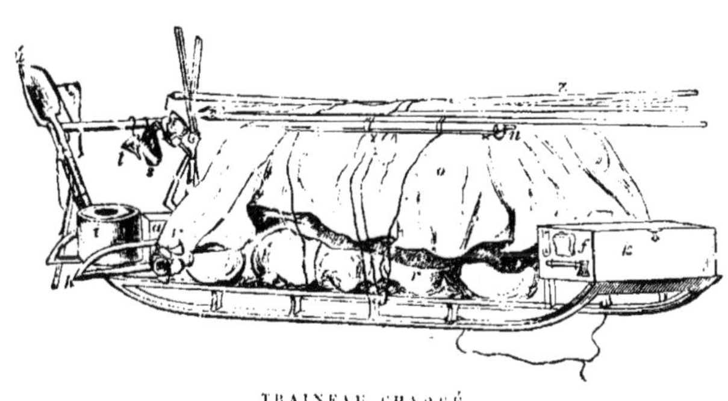

TRAINEAU CHARGÉ.

pour fondre la neige, ni tente ni sac pour dormir, ni aucun de ces innombrables objets nécessaires à l'homme; enfin, en cas d'absolue nécessité, on peut s'en nourrir.

« Le poids de chaque traîneau, au départ, peut alors être porté de 4 à 7 quintaux [1], ce qui représente l'approvisionnement de 30 à 50 jours, auquel la chasse n'a besoin d'ajouter qu'un faible supplément. Il est facile d'atteindre ainsi une marche moyenne de 16 milles [2] par jour, surtout si l'escorte devance l'attelage; le parcours complet effectué peut de la sorte être de 5 à 800 milles, tandis qu'avec un attelage humain il n'est que de 300 milles ou de 500 au plus.

1. Le quintal métrique équivaut à 100 kilos.

2. Il s'agit toujours du mille géographique de 1852 mètres.

« Les traîneaux doivent être construits avec le plus grand soin, en excellent frêne, avec de larges patins recourbés légèrement aux deux extrémités.

« Le digesteur, c'est-à-dire le récipient destiné à faire fondre la neige pour les besoins de la cuisine, doit être en tôle, sans soudure, de manière à perdre le moins possible de la chaleur qui s'y développe.

« En voyage, les officiers passent la nuit dans des habitacles de neige ou dans des tentes; celles-ci sont, suivant le climat, en coton ou en toile à voiles. Les hommes couchent en commun dans un sac où se trouvent, au besoin, d'autres sacs individuels; pour les températures qui ne dépassent pas 25° au-dessous de zéro, cet étui peut être fait d'une forte couverture; au-dessous de cette limite, il est bon qu'il soit en peau de buffle.

« La charge du traîneau est complétée par les fusils, les cartouches, les instruments de physique et les provisions de bouche, dûment empaquetés. Certains explorateurs ont essayé d'y ajouter des chaloupes destinées soit à pousser une pointe sur quelque partie d'eau libre, soit à parer à la rupture des glaçons. Ces chaloupes portatives doivent être, non pas d'un métal mince ou de bois, mais de cuir, de caoutchouc ou de toile à voile imperméable. Pour qu'elles puissent servir utilement, il faut qu'elles soient de dimension à contenir tous les hommes de l'expédition; et, quelle que soit leur légèreté, elles constituent, avec leur attirail de claies et de traîneaux additionnels, un supplément de bagage très gênant et qui rend leur transport presque impraticable.

« Le vêtement n'est pas d'une moindre importance que le matériel de la traction. Les Européens doivent se garder d'imiter les naturels du Kamtchatka, qui, au cours de leurs pérégrinations hivernales, dorment accroupis dans la neige, sans feu et sans abri, ou ces Indiens du pays des fourrures qui, plus rudes encore que les « hommes de fer » de la Sibérie,

COSTUMES DE VOYAGE.

se mettent préalablement tout nus pour se coucher à la belle étoile, par plusieurs degrés au-dessous de zéro. Ils n'auraient pas moins tort de se piquer d'émulation au récit du docteur Richardson, qui rapporte que certaines peuplades de l'Amérique du Nord se contentent, en pareille circonstance, de « s'oindre » contre le froid, par une friction de graisse ou de moelle sur les cheveux et sur la figure. Ces bravades seraient dangereuses, ce préservatif serait illusoire.

« Voici la tenue qu'il est indispensable d'adopter :

« Pour la marche, il suffit d'un long corsage en pure laine de brebis, avec une ceinture abdominale, deux fortes chemises de toile, un ou deux caleçons de laine, une bonne culotte de drap, une paire de mitaines ordinaires et un léger capuchon : rien de plus, quelle que soit la température. Pour les bourrasques de neige et pour la nuitée, il faut revêtir une redingote fourrée garnie d'un capuchon, deux paires de gants de laine, une large muserolle de flanelle adaptée au capuchon, et un abat-vent de cuir solide destiné à préserver le visage de la congélation. Le masque de flanelle, avec échancrures pour le nez et la bouche, n'est que d'une faible efficacité, attendu qu'au bout de quelques heures, la glace l'a rendu rigide ; le meilleur moyen de se garantir du vent sans gêner la respiration, c'est de s'appliquer un châle sur la bouche. Comme la barbe, si courte qu'elle soit, se revêt bientôt, grâce à la buée de l'haleine, de solides cristallisations en forme de stalactites, il importerait, ce que nous ne fîmes pas toujours, de la couper entièrement avant le départ.

« Chaque jour, avant de se mettre au lit, c'est-à-dire dans le sac commun, on est tenu de changer de bas, et ceux qu'on retire, de les mettre sécher durant la nuit contre sa poitrine. Comme chaussures, ce qu'il y a de mieux, ce sont des bottes en toile à voiles garnies de flanelle, avec une forte semelle de feutre, la tige assez large pour qu'on puisse aisément y faire entrer le pantalon. Quant aux chaussures de cuir, l'usage n'en vaut absolument rien : elles n'ont pas assez de souplesse ; elles exposent les pieds à geler, et, une fois ôtées, elles sont tellement raides qu'il n'y a plus moyen de les remettre et qu'elles cassent pour peu qu'on les force.

« Les chiens peuvent dormir en plein air sur les traîneaux ; il est bon toutefois de les attacher à des pieux, parce qu'ils décamperaient au flair de la première bête. Nos attelages à nous avaient le privilège de coucher sous une petite tente spécialement affectée à leur usage. Un point essentiel est d'endurcir de bonne heure les pattes de ces animaux par des marches forcées sur la glace ; autrement, comme ce fut le cas du chien *Jubinal*, ils attrapent facilement aux pieds un mal qu'il est impossible de guérir pendant toute la durée du voyage. On combat cependant l'aggravation des plaies en les lavant chaque jour avec du collodion ou de l'alcool, et en les bandant avec de la flanelle. Quand une bête paraît exténuée outre mesure par le travail de traction, il est nécessaire d'imiter la pratique des tribus sibériennes, c'est-à-dire de la saigner légèrement à la queue ou aux oreilles. »

La première excursion avait pour but la reconnaissance sommaire de la terre si inopinément découverte. Le lieutenant Payer avait décidé de se diriger vers le promontoire élevé que l'on avait aperçu tout d'abord et que l'on avait nommé *cap Tegetthoff*.

Il partit le 10 mars, avec le grand traîneau chargé de vivres pour une semaine, six hommes — Haller, Klotz, Lakinovitch, Cattarinich, Popischill, Lettis — et trois chiens, — *Gillis*, *Torossy* et *Soumbou*.

A peine, après avoir dépassé la barrière de *hummocks*, s'était-on engagé sur la surface polie des glaces côtières, que l'on aperçut des points noirs qui s'approchaient rapidement. C'était le restant de la meute qui, de son chef, venait prendre part à l'expédition. On eut beaucoup de peine à renvoyer les fidèles animaux.

Deux heures après, on doublait la pointe sud-ouest de l'*île Wilczek*. On y fit halte à l'abri d'un iceberg, par près de 27° au-dessous de zéro.

A partir de ce point — on avait perdu de vue le *Tegetthoff* — le chemin cessa d'être uni et ne présenta plus qu'une succession de glaçons entassés. Le soir, la tente fut dressée sous un haut promontoire de l'île.

Le lendemain, dès la première heure de marche, on aperçut, du haut d'une éminence, une certaine étendue de mer libre. Ne pouvant, avec les traîneaux chargés, traverser l'île, on dut la contourner en transférant les véhicules par-dessus les reliefs du *pack*, ou en aplanissant les obstacles infranchissables. Ce travail ne s'accomplit pas, on le conçoit, sans des efforts inouïs, d'autant plus que les chiens témoignaient une incroyable nonchalance; si Klotz, qui était de l'attelage, cessait un instant de les exciter et de tirer lui-même de toutes ses forces, le traîneau s'arrêtait aussitôt.

Enfin, l'on déboucha sur une plaine ouverte et, coupant à travers une langue de terre couverte de neige, on vit se dérouler devant soi le front abrupt de l'*île Hall*, où se trouve le *cap Tegetthoff*, et en face de celle-ci, à l'ouest, la longue ligne de glaciers de l'*île Mac Clintock*. (Voir la carte.)

La route dès lors était indiquée, et pour atteindre le *cap Tegetthoff*, il suffisait de suivre une plaine de glace solide couverte de neige. Par malheur, il s'éleva un brouillard si épais que l'on ne put qu'avec des difficultés extrêmes se maintenir dans la véritable voie.

« Pour comble de malechance, dit le lieutenant Payer, la neige, qui se mit à tomber, obscurcit l'air encore davantage, si bien qu'un ours faillit nous surprendre. Il ne fut aperçu qu'à une très petite distance; le brouillard lui prêtait des dimensions monstrueuses. Nous le tirâmes précipitamment, trop vite même! et il disparut sans laisser aucune trace de sang indiquant qu'on l'eût atteint. Nous eûmes, à la vérité, maintes

CHASSE A L'OURS.

fois lieu de faire semblable remarque sur des ours, même grièvement blessés; on prétend que ces bêtes ont coutume de bander elles-mêmes leur blessure en y appliquant leur patte chargée de neige.

« Une chose certaine, c'est que l'ours polaire, en présence de l'homme, ne manifeste d'autre sentiment que celui d'une surprise en quelque sorte hébétée; il n'a pas appris, en effet, à connaître d'ennemi dans ces solitaires labyrinthes de glaces dont il est le roi, comme le morse est celui de la mer environnante. Quant à l'homme, sa quiétude en face de l'ours est beaucoup moindre, surtout s'il se trouve isolé : il ne se dissimule pas, lorsqu'il fait la chasse à cet adversaire, que l'unique question en jeu est de savoir s'il sera mangé par lui ou s'il le mangera.

« A midi, nous fîmes une halte de quelques heures pour dîner.

« Au moment où nous nous remettions en route, nous revîmes notre ours devant nous; mais, cette fois encore, il décampa prestement; puis, quelques heures après, comme nous longions une rangée d'immenses blocs tabulaires et que déjà nous apercevions au-dessus de nous, grâce à une éclaircie du brouillard, les sommités rocheuses du *cap Tegetthoff*, messire l'ours entra derechef en scène. Le gaillard nous escortait d'un pied si allègre, que nous le voyions tour à tour derrière, de flanc et devant, à une distance de deux cents pas à peu près; dans toutes ces évolutions, il tenait la tête constamment tournée de notre côté.

« Vivement désireux de nous approprier sa chair et sa graisse nous fîmes mine de ne point nous occuper de lui, afin d'encourager son assurance et de l'amener à prendre l'offensive. Effectivement, il se mit tout à coup à s'avancer vers nous sous le vent. Aussitôt nous fîmes faire au traîneau une conversion qui le plaça en travers de la direction par où venait l'animal; chacun, en un clin d'œil, se dégagea des sangles; les

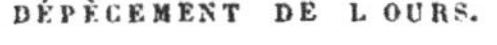

DÉPÈCEMENT DE L OURS.

Tyroliens et moi, nous saisîmes nos fusils et, nous agenouillant sur la charge du véhicule, nous mîmes en joue.

« Pendant ce temps, l'un de nous était allé jeter dans la neige, à trente pas de là, un gant surmonté d'un morceau de pain. Quant aux chiens, on les avait retranchés, sous la garde de deux hommes, derrière le traîneau, et couverts par la voile abattue à dessein. Ce branle-bas de combat terminé, tout le monde se tint silencieux et coi.

« L'ours s'approchait toujours, un peu hésitant parfois, et en zigzag.

« Arrivé à l'endroit où gisait le pain, il s'arrêta. A ce moment, trois coups de feu retentirent : la bête, frappée à la tête et au poumon, tomba morte sur place. D'épouvantables hurlements éclatèrent immédiatement : c'était les chiens qui manifestaient leur extrême déplaisir de cette chasse faite à leur insu; car l'ours étant, comme je l'ai dit, venu à nous sous le vent, ils n'avaient point pu le flairer de loin.

« Il fallait voir avec quelle fougue ils tiraient sur les traits. Dès que nous les eûmes détachés, ils fondirent sur le monstre inanimé et se mirent à déchiqueter la peau à belles dents; puis, quand nous dépeçâmes le corps, ils se placèrent tout près de nous, attentifs et l'oreille dressée, suivant l'opération dans tous ses détails.

« La bête que nous venions de tuer était une femelle de 1m,80 de long. »

Le lendemain 12 mars, au moment du départ, le thermomètre marquait 32° 1/2 au-dessous de zéro. En cheminant contre le vent, les excursionnistes furent assaillis par une furieuse bourrasque de neige. Les hommes eurent presque tous le nez gelé, accident que l'on combattit, comme d'habitude, au moyen d'énergiques frottements avec de la neige.

Peu à peu et à mesure que l'on s'approchait de la côte, la tempête diminua d'intensité ; elle avait complètement cessé lorsqu'on se trouva en face du *cap Tegetthoff*.

La cime s'abaissait vers l'est en une série d'écueils de basalte et se terminait par deux piliers de basalte isolés, d'environ 60 mètres de hauteur.

On atteignit les piliers un peu avant midi et l'on installa la tente sous l'un d'eux.

« Un heure après, dit le lieutenant Payer, les Tyroliens et moi nous nous mîmes en devoir d'escalader le cap.

CAP TEGETTHOFF.

« Pendant une heure nous cheminâmes, sous une neige teinte d'un reflet d'azur, au pied de la longue rangée d'écueils basaltiques; pendant une heure encore nous eûmes à gravir, en plein soleil, entre des rochers, des pentes neigeuses colorées de rose, avant d'arriver au point culminant du promontoire, formé d'un plateau ondulé dont l'altitude était de 790 mètres.

« Rarement ascension offrit autant d'intérêt, et cependant Haller, Klotz et moi, nous étions des grimpeurs d'alpes émérites, et cent fois, dans le Tyrol, j'avais escaladé des cimes de 3 000 mètres d'altitude.

« La température, sur le plateau, était 35° au-dessous de zéro, c'est-à-dire plus basse de trois degrés que celle que nos compagnons avaient, au même moment, dans la tente. Contre notre espérance, nous ne jouîmes que d'une perspective très bornée : d'innombrables et menus cristaux de glace, qui emplissaient l'atmosphère, surtout vers le nord, la rendaient si opaque et si sombre, que le relief volcanique du *cap Berghaus* lui-même, sur la côte orientale de l'*île Hall*, ne nous apparaissait que comme au travers d'un épais voile ; tout ce qui était au delà demeurait enveloppé d'une espèce de brouillard sec. On voyait seulement briller au soleil quelques minces bandes d'eau vive.

« Au bout de deux heures, les observations essentielles étant achevées, nous retournâmes au campement où nous retrouvâmes nos hommes en train de se frictionner mutuellement et à tour de rôle leurs membres gelés.

« Le thermomètre descendit pendant la nuit à 41°,25 au-dessous de zéro ; mais par la vertu d'un grog bien chaud auquel fut employée toute une bouteille du plus fort rhum, les hôtes grelottants du sac commun finirent par s'endormir d'un profond sommeil.

« Le lendemain 13 mars, nous nous remîmes en route, par un froid croissant de 43°,75, dans la direction du cap Berghaus.

« Nous espérions avoir de son sommet une vue suffisamment nette de la configuration générale du pays au 80° degré.

« Bien que le soleil ne fût pas encore levé, les plaines de neige rigide s'éclairaient déjà d'un fauve reflet, tandis qu'au nord les icebergs brillaient d'une mate lumière argentée et dessinaient leurs contours indécis dans l'atmosphère ondoyante et trouble. »

En continuant d'avancer, on vit s'ouvrir à gauche, dans l'île Hall, un large fiord (détroit), bordé de côtes pittoresques appuyées sur un immense glacier ; on donna à ce détroit le nom de *fiord Nordenskjöld*. A midi, on atteignit le pied du glacier, que l'on baptisa *glacier Sonklar*.

« Aussitôt que notre tente fut dressée, dit le lieutenant Payer, mes fidèles Tyroliens et moi nous escaladâmes une cime (*cap Littrow*) de 760 mètres d'altitude, d'où nous dominâmes non seulement les montagnes de l'île Hall, mais encore toute la projection d'îles qui s'étendait à l'est.

« Pas un souffle n'agitait l'air d'une sérénité inaccoutumée. Du sud-ouest au nord-est, on distinguait, par delà les hauteurs situées au premier plan, le long relief d'un massif lointain qui prouvait que la terre François-Joseph, notre nouvelle découverte, devait avoir une étendue considérable. Pour le moment toutefois, nous ne pouvions reconnaître bien nettement qu'une chaîne de montagnes couronnée d'un triple pic ; elle se dressait, toute rougissante des feux du soleil, au-dessus du glacier Sonklar, dont les pentes encore sombres, étagées en vastes terrasses, allaient mourir lentement dans la baie gelée du fiord Nordenskjöld.

« A huit heures du soir, nous étions de retour à notre gîte.

« Le froid, qui croissait toujours, atteignit 46°,25. En dépit du grog vivifiant, nous passâmes une mauvaise nuit.

« La journée du lendemain (14 mars) fut signalée par le froid le plus intense que j'aie jamais eu à subir dans mes diverses expéditions au pôle nord.

« Dès 6 heures du matin, je me trouvais, avec mes Tyroliens, sur l'arête supérieure du glacier Sonklar. Le soleil n'était pas encore levé ; on ne voyait qu'un reflet jaunâtre derrière les sombres déclivités de la grande *île Salm*. Bientôt apparut un premier jet de lumière rouge, pareil à la colonne de flamme qui monte dans une cheminée où le feu s'allume ; enfin, l'astre lui-même émergea, informe et couleur de sang, au travers du brouillard.

« La ligne neigeuse des monts prit d'abord une teinte rose tendre, puis, quand le globe solaire eut achevé de percer la brume glacée, tout s'embrasa autour de nous.

« Le thermomètre marquait, à ce moment, 50° au-dessous de zéro !

LEVER DU SOLEIL.

« Notre excellent rhum, auquel nous eûmes recours, semblait avoir perdu toute son efficacité ; il avait absolument la consistance de l'huile et faisait sur nos gosiers l'effet du petit-lait.

« Le pain était si dur qu'il y avait de quoi se casser les dents et qu'on se mordait au sang pour le manger. Si l'on essayait de fumer un cigare, il s'éteignait au contact des aiguilles de glace, longues d'un pouce, qui agrémentaient notre barbe ; quant aux pipes, même de la plus brève dimension, elles étaient gelées jusqu'aux moelles. Les instruments semblaient brûler au toucher ; il en était de même des médaillons que quelques-uns d'entre nous portaient sur la poitrine.

« Il est admis généralement que la chaleur rend l'homme mou et paresseux, tandis que le froid l'excite et l'aguerrit. Il y a d'étranges réserves à faire au sujet du froid des régions polaires. S'il agit d'abord comme excitant sur la volonté, il ne tarde pas ensuite à produire l'atonie.

« On se sent, à la longue, envahi par une sorte d'ivresse ; les mâchoires sont prises d'un tremblement ; elles s'engourdissent et l'on ne parle plus qu'au prix d'un effort pénible. Les mouvements deviennent incertains ; le corps et l'esprit s'émoussent, comme dans une sorte de somnambulisme.

« La plupart des animaux polaires eux-mêmes se dérobent, autant que possible, aux plus grandes intensités du froid, les uns en émigrant, les autres en se retirant dans des cavités bien abritées pour s'y plonger dans le sommeil hivernal.

« Les poissons que l'on rencontre dans les petites mares d'eau douce de la côte, y transissent complètement avec elles et ne se réveillent de cet engourdissement que lorsque ces mares dégèlent.

« Les innombrables cristaux de glace qui emplissent l'atmosphère et donnent à la clarté du jour une teinte grisâtre, font entendre de petits bruissements continus. La fine poussière de neige qu'ils dégagent, aussi bien que le voile des vapeurs gelées qu'ils suspendent dans l'air, causent une sensation d'humidité d'autant plus vive que le froid est plus intense, quoique l'atmosphère reste d'une sécheresse telle que le tabac s'émiette de lui-même en particules excessivement ténues.

« La gelée a rendu le sol dur comme du métal ; pour ne parler que de la terre François-Joseph, où la température moyenne de l'année est d'environ 16°,25 au-dessous de zéro, le froid devait avoir pénétré à plus de 300 mètres de profondeur.

« Dans ce milieu polaire, le son se transmet avec une facilité dont on ne peut se faire d'idée dans un autre climat. J'ai eu maintes fois l'occasion d'observer que des paroles prononcées d'une voix ordinaire s'entendaient distinctement à plusieurs centaines de mètres.

« La neige est dure comme du roc et sa surface offre l'aspect granuleux du sucre; le bruit des pas y retentit comme celui du tambour. Tous les autres objets acquièrent une extrême densité : la glace se solidifie jusqu'à devenir sonore; le bois se tasse tellement qu'en le coupant on dirait de l'os que l'on travaille au couteau; le beurre, toujours fluide sous les tropiques, est ici comme du caillou ; la viande ne se coupe plus, on la fend, et le mercure solidifié peut être lancé en guise de balle.

« De tous les sens, l'odorat et l'ouïe sont ceux qui perdent le plus de leur acuité, à cause de l'état de congestion et de sécrétion exagérée où se trouvent constamment les muqueuses. Si l'on s'expose soudain à ces grands froids au sortir d'un lieu chauffé, on respire involontairement par le nez et l'on ferme la bouche, par suite de l'oppression qui se fait au poumon.

« Les paupières, même par un temps calme, se couvrent d'une croûte de glace dont il faut avoir soin de les débarrasser pour pouvoir les ouvrir. L'évaporation de l'œil suffit à ternir le verre des conserves; à 36° au-dessous de zéro, celles-ci sont aussi opaques que des croisées enduites de givre.

« J'ai déjà fait observer que la capacité de supporter le froid polaire diminue à la longue, chez l'Européen, au lieu de s'accroître : le nez, les lèvres et les mains finissent par se tuméfier et par se vêtir d'une sorte d'épiderme parcheminé qui se fendille et cause, au moindre vent, de vives douleurs; souvent même, pour peu qu'on se néglige, le nez et les mains, après avoir gelé, conservent un coloris violet dont nul effort ne peut les débarrasser, et il arrive aussi que l'extrême sensi-

FUNÉRAILLES DU MÉCANICIEN KRISCH.

bilité de la partie ou du membre atteint se manifeste encore après des années, lors des changements de temps.

« Le supplice le plus intolérable dans les régions arctiques est celui de la soif ; beaucoup tentent de l'apaiser avec de la neige : c'est un mauvais système ; il en résulte des inflammations de la langue et du gosier, des maux de dents, des diarrhées.

« Le remède est d'ailleurs illusoire : de 37° 5, à 50° la neige produit dans la bouche la sensation d'un métal brûlant et augmente la soif par l'échauffement des membranes muqueuses qui en subissent le contact. Aussi les Esquimaux eux-mêmes aiment-ils mieux supporter la soif la plus intense que de se désaltérer avec de la neige. »

Le 15 mars, après avoir étudié, du haut du glacier Sonklar, la route la plus favorable pour pousser vers le nord, le lieutenant Payer ordonna le retour au navire, distant d'un peu plus de quarante-huit kilomètres. En sept heures on atteignit la pointe occidentale de l'île Wilczek où, sur une éminence rocheuse, fut déposée une réserve de provisions de bouche ; six heures après, les excursionnistes repassaient le dédale de *hummocks* voisin du navire et serraient les mains des lieutenants Weyprecht, Brosch et Orel, qui, fort inquiets de leur sort, étaient venus à leur rencontre.

Il était temps pour eux de rentrer au logis. Quatre hommes sur six étaient éclopés ; Lettis, dont les pieds étaient gelés, ne marchait plus qu'avec des souliers de peau de renne ; une enflure des pieds obligeait Haller à porter les mêmes chaussures ; Cattarinich avait la figure gelée et était devenu impotent ; enfin Popischill, dont la fourrure, recroquevillée par le froid, se trouvait hors d'usage, avait les deux mains gelées.

En entrant dans la chambre, Payer entendit le râle de son pauvre compagnon, le mécanicien Krisch, qui agonisait depuis huit jours.

Il mourut le lendemain 16 mars. Le 17, son corps fut mis en bière, et le 19 on fit les funérailles.

Le cercueil, surmonté d'un drapeau et d'une croix, fut placé sur un traîneau, et le triste et silencieux cortège partit du navire, au milieu d'une effroyable tourmente de neige, pour se rendre au promontoire le plus proche de l'île Wilczek. Ce fut là, entre des colonnes de basalte, qu'on enfouit dans un trou la dépouille du mécanicien. Tout, aux alentours, offrait une image suprême de désolation et de mort; nul lieu au monde ne fut jamais, à coup sûr, plus propice à l'éternel repos.

Les rafales d'un vent furieux, qui soufflait sur l'âpre rocher où venait d'être dit le *De profundis*, obligèrent les explorateurs à abréger la funèbre cérémonie; ils remirent à un autre temps le soin d'arranger quelque peu la tombe de leur camarade et de l'orner d'une inscription.

Quelques-uns d'entre eux avaient déjà la figure et les mains gelées, et ce fut à grand'peine qu'ils parvinrent, au milieu de la tourmente, à retrouver le chemin du navire.

CHAPITRE VII

Deuxième excursion en traîneau. — Le cap Francfort. — L'Austria-Sund. — Passage du 81e degré. — Le cap Schrœtter. — Séparation.

A peine rentré à bord, le lieutenant Payer s'occupa de dresser le plan d'une seconde excursion. Il fallait se hâter, car la violence croissante des tempêtes donnait lieu de craindre un mouvement des glaces et, par suite, une dérive probable du glaçon qui portait le *Tegetthoff*.

Rassemblant les hommes les plus énergiques de l'équipage, Payer leur fit part de son dessein de s'avancer le plus possible vers le pôle, sans dissimuler le danger que l'on courait d'être coupé du navire. Il promit à chacun d'eux une prime de 1000 florins[1], si l'on atteignait le 81e de latitude, et 2500 florins, si l'on parvenait jusqu'à 82°. Afin d'éviter les discussions que n'aurait pas manqué de produire à bord la connaissance de la récompense promise aux privilégiés, Payer imposa à ceux-ci le silence le plus absolu, ajoutant qu'en cas d'indiscrétion ils perdraient tout droit à la prime. Cette menace suffit pour fermer la bouche à tout le monde.

Sur ces entrefaites, un incident curieux vint rompre l'uniformité de l'existence des explorateurs.

Pendant la première excursion de Payer, un ours avait été tué à bord. Le 19, après son retour, il en survint un autre

1. Le florin de Vienne, monnaie de convention, vaut 2 fr. 55.

CHIENS ET OURSONS

que l'on manqua. Trois jours après parut une femelle, suivie de deux petits dont le pelage était moins foncé que celui de leur mère.

Rien de plus amusant que les allures de cette petite famille. L'ourse s'arrêtait fréquemment, pour flairer le vent et lécher ses petits, qui grimpaient sur elle avec mille câlineries et ressemblaient, dans leurs ébats, à de jeunes caniches, dont ils avaient du reste la taille.

Quand la troupe fut à soixante-dix pas de distance, six coups de fusil partirent.

La femelle fit à peu près quarante pas en arrière, puis tomba morte. Étourdis par le bruit des détonations et par l'étrange conduite de leur mère, les petits demeurèrent comme enracinés sur la neige, en regardant d'un œil étonné les êtres noirs qui s'échappaient des flancs du navire pour courir sur eux.

Un de ces innocents se laissa même secouer par le chien *Pékel*. Ce ne fut que lorsqu'on les empoigna par la nuque pour les transporter à bord qu'ils parurent concevoir du soupçon.

Des tonneaux placés debout leur servirent de prison. Ils ne cessèrent de crier et de se démener comme des diables jusqu'à ce qu'on les eût réunis tous deux dans un même tonneau.

Soumbou, seul de tous les chiens, ne comprenait rien à la mansuétude inusitée que nous déployions envers l'ennemi juré : il grimpait sur le tonneau et aboyait des heures entières après les oursons, qui grommelaient en lui répondant par d'enfantines menaces de leurs pattes.

Gillis, en revanche, après avoir bien examiné les choses, prit le parti des petits monstres contre *Soumbou* et força celui-ci à se tenir coi.

Quant aux officiers, ils s'occupaient fort de ces bêtes, et les hommes de l'équipage délibéraient sérieusement sur les

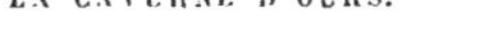

LA CAVERNE D'OURS.

moyens de les dresser au remorquage des traîneaux pour le retour en Europe. Ils mangeaient tout ce qu'on leur donnait, pain, choucroute, lard.

Un matin pourtant les deux drôles trompèrent la surveillance et s'enfuirent. On les rattrapa, on les tua et on les mit en rôti.

Tous les préparatifs du grand voyage vers le nord furent terminés le 25 mars et le départ eut lieu le lendemain matin, par 21° au-dessous de zéro. La troupe qui accompagnait le lieutenant Payer se composait de l'enseigne de vaisseau Orel, des chasseurs Klotz et Haller, des matelots Zaninovich, Sussich, Lukinovich, et des chiens *Jubinal*, *Torossy* et *Soumbou*.

Quand on eut atteint la pointe sud-est de l'île Wilczek, la tempête reprit et la température s'abaissa jusqu'à 30° au-dessous de zéro. Le 28, le calme étant revenu et le thermomètre étant un peu remonté (25° au-dessous de zéro), on s'engagea dans le détroit désolé qui sépare l'île Wilczek de l'île Salm. (Voir la carte pour tout l'itinéraire).

Après avoir doublé la pointe sud-ouest de cette dernière île, on se dirigea vers les monts Wüllerstorff, qu'on n'avait jusque-là aperçus que de loin en loin et à une grande distance, et qui se trouvent sur une terre que l'on nomma *terre Wilczek*.

Le 29 mars, la température extérieure s'adoucit (3°,7 au-dessous de zéro) au point que, dans la tente, il se mit à pleuvoir tandis qu'on faisait cuire le déjeuner.

Ce jour-là, les explorateurs gravirent la côte rocheuse d'une île située à leur droite, au-dessus de l'île Salm, et qu'ils nommèrent *île Koldewey*, en l'honneur de l'ancien commandant de l'expédition polaire de la *Germania* et de la *Hansa*.

De ce point, au moyen d'une longue-vue, on aperçut, à quatre cents pas environ, un ours qui, sans l'arrivée de *Soumbou*, eût infailliblement saisi et déchiré le jeune chien *Torossy*. On le tira aussitôt et il tomba mort dans la neige.

En s'approchant, on vit, creusée dans une pente de neige

massive, au pied d'une falaise, une caverne d'hivernage servant de repaire à toute une famille d'ours. La femelle se montra un instant à l'ouverture ; mais elle se garda de quitter son refuge.

Les chasseurs n'étaient point disposés à se glisser en rampant dans cette tanière. *Soumbou* seul fut assez hardi pour y pénétrer; mais ce qu'il y vit probablement l'engagea à faire retraite au plus vite. Immédiatement, des tas de neige lancée

LE CAP FRANCFORT.

de l'intérieur vinrent s'accumuler à l'entrée de la caverne; l'ourse s'occupait à se barricader.

Continuant le voyage, les explorateurs contournèrent une île pittoresque à laquelle Payer imposa le nom d'*île Schœnau*, d'après sa ville natale, située près de Tœplitz, en Bohême. Ce jour-là, le thermomètre s'était de nouveau abaissé, d'abord à 22°,5 au-dessous de zéro, puis à 30. Le lendemain, il marquait 31°,3.

En avant, entre le cap Francfort (pointe occidentale de l'île Hall) et les monts Wüllerstorff, on apercevait un détroit dans lequel on n'osa pas s'engager avant d'avoir constaté son prolongement septentrional.

Dans ce but, Payer, accompagné de Haller, se rendit au cap Francfort, qu'ils escaladèrent.

Du sommet de ce promontoire, haut de 600 mètres, Payer reconnut avec joie que le détroit en question se dirigeait fort avant et en droite ligne vers le nord ; grâce à lui, on semblait assuré d'atteindre le 81e degré. Ce détroit glacé était couvert d'icebergs; on en suivait le prolongement jusqu'à un promontoire lointain (cap Tyrol). La terre de Wilczek en formait la côte orientale et se dirigeait au nord, puis au nord-est.

Le lendemain 1er avril, par 28°,7 de froid, après avoir rangé le cap Hansa (terre de Wilczek), la troupe tout entière s'engagea dans le détroit auquel, en l'honneur de l'Autriche, Payer donna le nom d'*Austria-Sund*[1].

Le rivage que l'on côtoyait à droite était composé de déchiquetures et de terrasses. Peu après, on aperçut, à l'ouest de la route suivie, un vaste détroit dont les côtes septentrionales se prolongeaient jusqu'au delà du cap Tyrol; on le nomma *Markham-Sund*, en l'honneur du secrétaire de la Société géographique de Londres. L'horizon, de tous côtés, était fermé par des glaciers; la terre de Wilczek elle-même ne présentait plus qu'un ruissellement de glaces rigides, d'où émergeaient seulement, à la hauteur de l'île Wiener-Neustadt, deux éminences rocheuses, le cap Heller et le cap Schmarda. On se trouvait alors par 80° 42′ de latitude.

Le lendemain, la marche fut contrariée par une telle bourrasque de neige que, malgré le secours de la boussole, on s'avançait presque à l'aventure vers cet invisible cap Tyrol, le point le plus extrême jusque alors aperçu du côté du nord.

« A chaque instant, dit Payer, l'on s'égarait dans l'immense dédale des blocs tabulaires, ou l'on courait risque de s'abîmer inopinément dans une crevasse ou dans un *wacke* d'eau vive. Pour surcroît de malheur, cette journée nous

1. *Sund* veut dire détroit.

apporta une vraie douleur, la perte du chien *Soumbou.*

« Ce pauvre animal, qui, de même que *Pékel*, m'appartenait en propre, et dont la maligne pétulance nous avait tant amusés deux années durant, avait montré, dans le cours de ce second voyage, une ambition des plus nobles: il s'était évertué à surpasser *Torossy* lui-même dans le dur travail du remorquage, et il était réellement touchant de le voir, aux haltes du soir, s'accroupir tout exténué dans la neige à l'endroit même où on le détachait.

« Cette corvée pénible était du reste la dernière qui lui fût imposée; au retour de l'excursion, il devait être mis à la réforme et vivre dans un doux farniente, récompense due à ses services.

« Hélas! non plus que ses compagnons, — comme j'aurai la triste occasion de le dire plus tard, — il ne devait goûter les loisirs de la retraite.

« La chose la plus intolérable pour le vif et inquiet *Soumbou*, c'était de se tenir coi quand il apercevait, sur un coin du vaste désert, quelque être animé. Une mouette qui passa dans l'air l'excita si fort ce soir-là, qu'il rompit ses sangles et s'élança impétueusement après l'oiseau. On l'attendit, on l'appela, ce fut en vain. Nos traces, à mesure que nous marchions, étaient effacées par le vent dans la neige profonde; la malheureuse bête ne les put retrouver, et nul doute qu'après avoir longuement erré à notre recherche, *Soumbou* ne soit mort de faim ou n'ait été dévoré par un ours. »

Le 5 avril, le Cap Tyrol fut enfin dépassé. Le grand massif de côtes bordant, au nord, le Markham-Sund, et qui avait reçu le nom de *terre de Zichy*, se prolonge au nord, tandis qu'à droite la terre de Wilczek décrit une courbe vers l'est.

Ce fut en cheminant sur l'interminable steppe de neige que l'on franchit le 81e degré. A l'horizon le plus lointain se dressaient, empourprés de soleil, le cap Oster et le cap Hellwald

Les découvertes se pressaient sous les pas des explorateurs.

A gauche, une nouvelle baie (baie Back) ; en face, deux îles (îles Rainer et Becker). Payer escalada la seconde de ces îles et, au milieu d'un inimaginable désert de glace, constata que l'Austria-Sund continuait à s'enfoncer à perte de vue dans es profondeurs du septentrion.

DISPARITION DE SOUMBOU.

« Si, dit-il, nous pouvions oublier de quelle manière inattendue et miraculeuse le *Tegetthoff* a été poussé dans ces régions, il nous semblerait que là est bien la vraie route du pôle; pour surcroît, tout nous indique la présence probable d'un bassin d'eau libre dans cette direction : l'élévation intermittente de la température, l'humidité de l'air, la couleur sombre du ciel de ce côté et des vols fréquents d'oiseaux qui se croisent au-dessus de nos têtes, du nord au sud et du sud au nord. »

Le 7 avril, par une température tombée de 16° au-dessous de zéro à 25°, on atteignit la pointe la plus septentrionale de l'île Rainer, le cap Beurmann, qui confine à la terre Charles-Alexandre ; puis, après avoir franchi un nouveau groupe d'îles, on distingua pour la première fois les contours d'un autre massif, auquel on donna le nom de *terre du Prince-Rodolphe*, en l'honneur de l'héritier présomptif de la couronne d'Austro-Hongrie. La caravane quitta alors la grande passe de l'Austria-Sund pour se diriger, à droite, vers un autre détroit, le

LE CAP OSTER

Rawlison-Sund, à l'extrémité duquel se dressait un nouveau cap, le cap Buda-Pesth, faisant partie de la terre de Wilczek. Il s'agissait pour Payer d'atteindre le 82e degré, pour ses hommes de gagner la grande prime.

« A vrai dire, écrit Payer, notre énergie est presque à bout. Depuis notre départ du navire, nous n'avons dormi que cinq heures par jour, marchant ou travaillant le reste du temps. Notre appétit est dévorant, et nous n'avons pour l'apaiser que de la chair d'ours, qui commence à faire mal à plusieurs d'entre nous. N'importe, le moment n'est pas venu encore de s'arrêter. Le 8 avril, en conséquence, nous reprenons notre course haletante à travers un labyrinthe de glaces chaotiques, offrant absolument l'aspect mouvementé qu'avait eu le *pack*, durant le premier hiver, aux alentours de notre navire.

« Le froid est de 16°,2 ; un clair soleil alterne avec des giboulées de neige. A chaque instant il faut frayer la voie au traîneau, qui menace souvent d'être mis en pièces. Nous n'allons qu'en zigzag, à l'aide de la boussole.

« Encore un ours qui débouche sur nous, à trois cents pas de distance, d'un fourré d'icebergs. En joue ! Le voici par

LA TERRE DU PRINCE-RODOLPHE.

terre avec trois balles dans la tête. Nous nous approchons de lui pour l'éventrer. La chose, cette fois , ne va pas sans encombre. Au premier contact du coutelas , il redresse furieusement la tête, saisit avec ses dents la crosse de mon fusil et me l'arrache des mains.

« Mes compagnons se hâtent de lui donner le coup de grâce. Nouvelle et grasse provende de chair fraîche pour la colonne voyageuse. Nous n'en sommes plus à compter, du reste, les victimes de notre appétit. Disons seulement que ce dernier ours est d'une taille exceptionnelle ; il mesure environ 2^{m},40 de long.

« A midi, nous étions par 81° 38′ de latitude septentrionale: c'était un peu plus que la hauteur où Hayes était parvenu en 1861 par le détroit de Smith; comme nous ignorions que Hall, en 1871, avait dépassé, par terre, 82° 9′ [1], nous nous crûmes jusqu'à nouvel ordre sans rivaux dans les annales des expéditions polaires, et nous hissâmes le pavillon austro-hongrois.

« La glace, cependant, prenait un caractère chaotique de plus en plus prononcé; outre que nos déviations se multipliaient, nous craignions toujours de rencontrer des fêlures, et, en constatant l'état de relâchement où se trouvait le *pack*, nous ne pouvions nous dissimuler que s'il survenait une grande tempête, nous courions le risque de voir notre route rompue et notre retraite compromise. »

Le 9 avril, on se trouvait à l'entrée du Rawlison-Sund. Ce détroit se trouvant obstrué par des *hummocks*, on dut se rabattre, à l'ouest, sur l'île Hohenlohe. La pointe de cette île fut désignée sous le nom de *cap Schrœtter*. Après avoir étudié le panorama du haut de ce promontoire, Payer se décida à une séparation momentanée de la troupe. Lui-même, avec Orel, Zaninovich, Klotz et les chiens *Torossy* et *Jubinal*, devait continuer sa route vers l'extrême nord. Haller, Sussich et Lukinovich resteraient au cap Schrœter, avec la consigne de ne pas s'en éloigner de plus de trois cents pas, de faire bonne garde contre les ours et d'employer le temps à raccommoder leurs bas et leurs chaussures. Si au bout de quinze jours ils ne revoyaient pas leurs compagnons, ils devaient regagner seuls le navire, avec la moitié du traîneau, qui fut scié en deux pour les besoins de l'une et de l'autre troupe. En sa qualité de gouverneur de l'île Hohenlohe, Haller reçut une boussole, une montre, un baromètre et une boîte de pharmacie, avec les indications nécessaires pour s'en servir.

1. Voir (Bibliothèque des écoles et des familles) *l'Océan arctique*, de Hayes, et *Deux ans chez les Esquimaux*, de Hall.

CHAPITRE VIII

A l'extrême nord. — Le glacier Middendorf. — Catastrophe.
Le cap des Pingouins. — Le cap Fligely. — Retour au navire. — Chasse à l'ours.

Le 10 avril au matin, par 15° au-dessous de zéro, les quatre explorateurs se mirent en route. Les chiens *Torossy* et *Jubinal* étaient attelés au traîneau, réduit de moitié, comme il a été dit.

« Ces excellents quadrupèdes, dit Payer, se montrèrent, je dois le dire, pleins d'ardeur, et ce fut en partie à leur vaillance que nous dûmes de franchir le 82e degré.

« Pauvres bêtes! nul Homère ne chantera jamais leurs exploits; et pourtant elles mériteraient d'inspirer toute une pléiade de rapsodes.

« Est-il au monde labeur plus ingrat et plus pénible que celui d'un attelage de chiens aux régions polaires? Leur tente, gelée jusqu'aux moelles, n'est pour eux, dans les haltes, qu'un semblant d'abri; malgré la constance qu'ils mettent à se secouer, ils ont toujours sur le poil une carapace de neige de 2 centimètres d'épaisseur ; la soif leur dévore le gosier, la faim habite dans leurs entrailles, et leurs pattes blessées dessinent sur la route un long sillon de sang.

« Parfois, quand le froid est trop intense, ils sont obligés de s'arrêter court, et il faut les voir alors lever autant de pattes que le leur permettent les lois de l'équilibre, puis les replacer par terre à tour de rôle, afin d'éviter la congélation. Encore les bêtes dont je parle ici étaient-elles des créatures tout à fait hors ligne, et je ne puis me rappeler leurs fidèles services sans être pénétré de douleur au souvenir de leur triste fin.

« Presque toutes d'une force exceptionnelle, elles demeurèrent exemptes jusqu'à la dernière minute de ces maladies épidémiques qui firent périr les chiens esquimaux de Hayes et de Kane. Elles n'avaient qu'un défaut; comme, à l'exception du seul *Torossy*, elles n'avaient pas été habituées toutes jeunes à tirer le traîneau, il fallait qu'un homme marchât sans cesse devant elles ou se mît conjointement aux traits, pour les empêcher de dévier de la bonne direction; laissées à elles-mêmes, elles tournaient invariablement vers la côte.

« J'ajouterai qu'au début surtout leur antipathie pour le travail de traînage leur suggérait des ruses qui témoignaient de leur intelligence. Chaque fois qu'on allait se remettre en route et qu'elles apercevaient la tente placée sur le traîneau, elles se cachaient de leur mieux pour qu'on ne les vît point; souvent même elles profitaient de la nuit pour rompre à belles dents ces maudites cordes, emblème et instrument de leurs dures corvées. Une fois aux sangles, elles n'avaient plus l'air d'y penser, pourvu toutefois qu'il ne fît pas de vent et que la glace n'eût pas trop d'aspérités. »

Quand les voyageurs arrivèrent sous le promontoire sud-est de la terre du Prince Rodolphe, le *glacier de Middendorf* se dressa devant eux dans sa taille gigantesque. Grâce à leurs efforts réunis à ceux des chiens, ils réussirent à se hisser sur la crête du glacier.

La petite tente y était à peine installée, que Klotz vint dire au lieutenant Payer qu'une enflûre douloureuse aux pieds le rendait incapable de grimper plus haut. Il fallut le renvoyer au campement du cap Schrœtter, et on le vit bientôt disparaître dans le labyrinthe des icebergs.

Peu après le départ du Tyrolien, on se remit en route.

« Au moment où s'ébranle la colonne, dit le lieutenant Payer, la neige cède sous le poids de Zaninovich, des chiens et du traîneau; tous ensemble commençaient à dégringoler dans une horrible crevasse. Attelé à la sangle de devant, j'entends un cri lamentable et je suis traîné en arrière par la brusque tension de la corde.

« En me retournant, je ne doute pas une seconde que je ne suive incontinent tout le reste de l'équipage au fond du trou. Déjà, entraîné par la charge de trois quintaux pendue après moi, je suis au bord de l'abîme et je sens que je vais perdre pied, quand, par le plus grand des hasards, le traîneau s'accroche, à 10 mètres environ de profondeur, aux déchiquetures de la glace. Je reste, la sangle aux reins, collé sur le ventre à l'arête du gouffre.

« La situation était effroyable. J'étais le seul homme de la troupe qui fût familiarisé avec les dangers que présentent les glaciers; mais, par malheur, je ne pouvais faire un mouvement.

« Je criai d'en haut à Zaninovich que j'allais chercher à couper la corde. Il me supplia de n'en rien faire, parce qu'alors le traîneau tomberait au fond, et que lui Zaninovich se tuerait pour sûr.

« Quelques instants s'écoulèrent ainsi pendant lesquels je vis des milliers d'étincelles. Enfin, je me rappelai qu'un jour, dans les Alpes, j'avais failli choir avec mon guide d'une hauteur de 240 mètres, et que j'en étais pourtant réchappé; ce souvenir me rendit un peu d'assurance.

« Orel, qui était resté en arrière de l'autre côté de la crevasse, accourut au plus vite; il osa même s'aventurer jusqu'au bord du gouffre, se mit à plat ventre et regarda au fond; Zaninovich est sur une corniche de neige, me dit-il; autour de lui, l'abîme tout noir; les chiens sont encore suspendus aux cordes du traîneau, toujours immobile. »

« Sur ma prière, il me jeta son couteau, d'une main si adroite, que je pus l'attraper sans peine.

CHUTE DU TRAINEAU. LE LIEUTENANT PAYER COUPE LA SANGLE.

« Je coupai alors la sangle qui était passée à ma poitrine : c'était le seul moyen de salut que j'eusse à tenter.

« Le traîneau éprouva en bas une petite secousse; néanmoins il ne tomba point.

« Je me relevai alors et, retirant mes bottes, je sautai sur le bord opposé de la crevasse, laquelle avait 3 mètres de largeur environ. Dans ce mouvement, j'eus le temps d'apercevoir Zaninovich et les chiens. Je criai au matelot que j'allais courir jusqu'à l'île Hohenlohe, en ramener du monde avec des cordes et le tirer de là, pourvu qu'il pût résister quatre heures à la congélation. Un instant après, Orel et moi nous étions partis.

« Ah! comme nous courons, comme nous dévalons en bas du glacier, sans même songer aux crevasses sur lesquelles nous passons peut-être! Des ours, pas plus de souci; et pourtant nous sommes sans armes et nous avons 10 kilomètres à parcourir jusqu'au cap Schrœtter!

« Une seule pensée nous occupe: sauver Zaninovich, le plus brave homme de tout l'équipage; sauver nos chiens, sauver ce traîneau qui contient la moitié de nos ressources suprêmes en provisions et le registre où sont relevées par le menu nos miraculeuses découvertes.

« Dans ma hâte d'arriver et pour me faire plus léger, j'ôte tous les vêtements qui me gênent: fourrure, bottes, gants et châle, je jette tout et me voilà courant avec mes bas dans 30 centimètres de neige. J'ai bientôt laissé Orel loin derrière moi. En sortant du labyrinthe d'icebergs, j'aperçois enfin à l'horizon la cime rocheuse du cap Schrœtter, qui tantôt se profile nettement dans le ciel, tantôt s'abîme dans une brume flottante.

« La tête baissée, je galope à travers la neige en comptant mes pas; lorsque au bout de quelques instants je relève les yeux, croyant approcher du but, je n'aperçois toujours que la même petite tache noire à l'horizon blanc.

« Enfin la distance se trouve dévorée. Voici la tente, je suis signalé de loin ; tout le monde, en alarme, vole à ma rencontre.

« En deux mots, j'ai tout dit ; nous voilà tous repartis, avec le plus gros câble du traîneau et la plus forte perche de la tente, laissant tente, provisions, ustensiles, chiens, éparpillés au hasard dans cette solitude.

« Une course aussi rapide que la première nous ramena au lieu de l'accident. J'avais été absent cinq heures ; qu'était-il advenu ?

« Le noir abîme est là, qui bâille devant nous ; pas un son ne s'en échappe ; je me couche par terre et j'appelle : le hurlement d'un chien me répond d'abord, puis j'entends la voix indistincte de Zaninovich. Sans perdre une seconde, nous descendons Haller dans le trou au bout du câble.

« Il trouve notre homme encore en vie, accroupi à 12 mètres de profondeur, tout perclus, sur une mince saillie du gouffre. Il détache la corde de son corps et y lie Zaninovich à sa place. Nous tirons en haut de toutes nos forces. Le pauvre garçon apparaît à la surface du glacier ; il n'a plus ni voix ni mouvement ; nous le réconfortons avec un peu de rhum.

« La corde redescendue, Haller y attache les chiens à leur tour. Je ne sais comment ces bêtes, extraordinairement avisées, avaient réussi à se débarrasser des sangles, qui les retenaient suspendues au-dessus de l'abîme, et avaient sauté avec une adresse merveilleuse sur l'étroite saillie où Haller les retrouva pelotonnées à côté de Zaninovich. Il fallait qu'elles prissent singulièrement en patience la position visiblement très périlleuse où elles étaient, ou que leur confiance en nous fût bien grande, car nous sûmes de Zaninovich qu'elles avaient passé presque tout le temps à dormir, si bien que la préoccupation la plus anxieuse du matelot avait été de ne les pas heurter, de crainte de les faire choir tout au fond du gouffre.

« Les chiens remontés, on s'occupa du véhicule et des ustensiles. Tout fut hissé à bon port, sauf quelques objets insignifiants que la crevasse garda comme rançon. »

Il était dix heures du soir quand cette rude besogne fut terminée. Dans la nuit même, les hommes ramenés du cap Schrœtter y retournèrent, et le lendemain 11 avril les explorateurs se remirent en marche.

L'ALARME.

Après avoir contourné de l'est à l'ouest la côte méridionale de la terre du Prince Rodolphe, on atteignit le *cap Brorokh* par 81° 45' de latitude.

Ravis de l'heureux dénouement de leur aventure de la veille, ils cheminaient allègrement sur une plaine de glace doucement ondulée et bordée par un paysage qui devenait de plus en plus grandiose. La température, qui était au même moment, sur le *Tegetthoff*, de plus de 29° au-dessous de zéro, était remontée, dans ces parages, à 12°.

Au *cap des Pingouins*, la nature environnante changea brusquement d'aspect.

De longs reflets sombres vers le nord, d'innombrables vols de pingouins et de plongeons venant de la même direction, des traces d'ours et de renards, la présence sur maint glaçon de phoques qui sautaient à l'eau avant qu'on pût les approcher à portée de fusil, tout semblait indiquer la proximité d'une mer polaire libre.

CAP DES PINGOUINS.

La voie commençait à devenir des plus périlleuses; elle ne consistait plus qu'en une glace nouvelle, beaucoup trop flexible, et, par prudence, les voyageurs durent s'attacher l'un à l'autre à une longue corde et sonder soigneusement presque à chaque pas.

A partir du cap des Pingouins s'ouvrait une large baie qui

fut nommée *baie de Tœplitz;* on y remarqua un glacier affectant la forme d'un gigantesque escalier.

Non seulement la glace devenait de plus en plus fragile, mais encore le chemin était intercepté par des barrières que la hache ne suffit bientôt plus à détruire; il fallut à chaque

CAP DES COLONNES.

instant décharger le traîneau pour en transporter la charge pièce par pièce. A la nuit tombante on atteignit un promontoire rocailleux qui se terminait par des rochers isolés et qui fut baptisé du nom de *cap des Colonnes.*

Là commençait un bassin d'eau libre toute constellée d'icebergs.

Payer avait atteint le 82° degré de latitude. Il y resta deux jours, et, fait à noter, dans le voisinage de ce bassin d'eau libre pas une seule baleine ne se montra.

Après avoir caché leurs provisions dans ce repli du glacier, pour les soustraire à la rapacité des ours, les explorateurs escaladèrent le rempart côtier, dont la hauteur variait de 300 à 900 mètres.

A onze heures ils parvinrent à un autre cap, que l'on nomma *cap Germania.* A partir de ce point, la route devint si abrupte et si escarpée que l'on fut obligé de dételer les chiens et d'abandonner le traîneau. On put ainsi, mais avec beaucoup de peine, gagner un nouveau promontoire situé par 82° 5′ de latitude nord, et auquel fut attribué le nom de *cap Fligely.* La terre du Prince Rodolphe se continuait jusqu'à un cap que l'on appela *cap Sherard Osborne.* Au delà, la côte ne présentait que des lignes indéfinies.

« Quant à l'hypothèse d'un « océan libre au pôle », dit le lieutenant Payer, la perspective qu'il nous fut donné d'embrasser du haut du cap Fligely, ne paraît guère propre à la confirmer; loin de là. Voici, dans sa rigoureuse exactitude, l'aspect que présentait la région environnante. Point de mer vive, à proprement dire, mais seulement un bassin circonscrit de tous côtés par des glaces de formation ancienne. On peut voir sur la carte le peu d'étendue de ce bassin, dont j'attribue l'existence à l'action des vents de l'est-nord-est qui avaient régné pendant la saison précédente. En dehors de cet *ouacke* relativement considérable, tout était *pack*, et si loin que le regard portait à l'horizon, on ne voyait qu'agglomération solide et compacte[1].

« En revanche, on discernait au nord et à l'ouest, par delà les vastes plaines de glace, de nouveaux reliefs alpestres. Nous nommâmes le relief occidental *terre du Roi Oscar*

1. Il est utile de rapprocher cette observation de celle du docteur Hayes; ce dernier affirme en effet que, le 18 mai 1861, d'un promontoire de la *terre de Grinnell*, par 81° 35′ de latitude, il a aperçu « l'Océan libre du pôle ». Voir *l'Océan arctique*, de Hayes (*Bibliothèque des écoles et des familles*).

et l'autre *terre de Petermann*. Celle-ci dessinait même à l'ouest, au delà du 83e degré, un haut promontoire auquel je donnai, en l'honneur de l'Autriche, le nom de *cap de Vienne.*

« Ce fut avec un véritable sentiment d'orgueil que nous plantâmes au cap Fligely le drapeau austro-hongrois.

« Nous avions la conscience d'avoir porté ce drapeau aussi loin que nos forces nous le permettaient. Sans doute il nous était pénible de ne pouvoir aborder aux autres terres, plus septentrionales encore, que nous distinguions devant nous; mais une nécessité majeure nous commandait de nous arrêter à l'endroit où nous étions et de réprimer les vives ardeurs de notre légitime curiosité.

« Donc, avant de rebrousser chemin, nous déposâmes, suivant l'usage, dans une fente de rocher une bouteille fermée qui contenait le court procès-verbal que voici :

« Nous, membres de l'expédition austro-hongroise au pôle nord, avons atteint ici, par 82° 5', notre point de latitude le plus extrême, à dix-sept jours de marche de notre navire, enfermé dans les glaces par 79° 51'.

« Sous la côte, nous constatons l'existence d'un bassin d'eau libre peu étendu. Tout alentour règne le *pack*, qui rejoint, au nord et au nord-ouest, à une distance de 90 à 100 kilomètres environ, de nouvelles terres, dont nous ne pouvons déterminer exactement la configuration ni le développement. Notre intention est de regagner immédiatement notre navire que l'équipage tout entier abandonnera bientôt pour retourner en Europe; nous sommes réduits à cette nécessité par l'impossibilité absolue de dégager ledit navire des glaces qui l'enserrent et par le mauvais état sanitaire des hommes.

« *Signé:* Antoine ZANINOVICH, matelot; Édouard OREL, enseigne de vaisseau; — Jules PAYER, commandant.

« Cap Fligely, ce 12 avril 1874. »

CAP FLIGELY (page 137).

Cette journée du 12 avril marqua la dernière étape du lieutenant Payer vers le pôle. Comme il se l'était promis, il avait dépassé le 82e degré de latitude nord. Maintenant, il s'agissait de regagner le *Tegetthoff*, que l'on avait laissé à près de 260 kilomètres au sud. Le retrouverait-on à la même place? N'avait-il pas été entraîné par la dérive?

S'attachant à leur corde, les trois compagnons traversèrent le glacier jusqu'au cap Germania, y reprirent leurs bagages, et le soir, écrasés de fatigue, ils arrivèrent au cap des Colonnes. A peine leur restait-il assez de force pour traîner leur véhicule. L'un d'eux, Orel, qui avait les yeux malades depuis longtemps, était devenu presque aveugle; les deux autres, épuisés par l'insomnie, n'y voyaient guère davantage et s'avançaient les paupières mi-closes. Quant aux chiens, ils ne se trouvaient pas dans une meilleure condition, et à chaque temps d'arrêt ils se laissaient choir dans la neige. A tout instant il fallait décharger le traîneau, le recharger, en réparer les avaries.

Le chemin était encore plus détestable qu'à l'aller, et l'on mit un temps infini à parcourir la distance qui séparait le cap Brorokh du cap Schrœtter. On arriva enfin, mais pour trouver Haller et les siens dans la plus triste situation; sales, déguenillés, en proie à la diarrhée et à l'ennui, ils étaient méconnaissables.

Le 14 avril, cependant, on quitta l'île Hohenlohe, par 15° au-dessous de zéro : on n'avait plus de vivres que pour une dizaine de jours. Le 15, on avait franchi toutes les îles situées au-dessus du cap Helwald, et l'on s'arrêtait pour la nuit non loin de 81°.

Le 18, par 23°,75 au-dessous de zéro, on atteignait l'île Neustadt. En compagnie d'Orel, le lieutenant Payer fit l'escalade du cap Tyrol, dont l'altitude est de 900 mètres. De cette hauteur on apercevait nettement la solitude glacée de la terre de Wilczek, une presqu'île formée par la baie Lindeman, que

Payer nomma *presqu'île La Roncière le Noury*, en l'honneur du président de la Société de Géographie de Paris, et au nord de l'île Neustadt, la pittoresque baie Collinson avec ses détroits tortueux bordés de hautes falaises. En redescendant, Payer aperçut sur un plateau d'épaisses touffes de lichens; puis plus loin, sur quelques éboulements, des saxifrages, des pavots, des brins d'herbe commençant à fleurir; et le thermomètre marquait 25° au-dessous de zéro! Cette image de l'été polaire n'empêcha pas les explorateurs d'avoir le nez gelé et les pieds perclus, à ce point que ce ne fut que grâce à un violent exercice qu'ils parvinrent à en conjurer l'entière congélation.

Quand ils reprirent leur marche vers le sud, les explorateurs rencontrèrent tout d'abord une neige spongieuse dans laquelle ils enfonçaient profondément à chaque pas. Cet état liquide de la neige venait de ce que les eaux de la mer s'extravasaient par-dessous; dans beaucoup d'endroits même, ils ne trouvaient pas le fond en sondant. Ils arrivèrent enfin à une glace plus solide. Ce soir-là, pour la première fois de l'année, ils virent le soleil de minuit éclairant les montagnes du détroit de Markham.

« Cependant, dit Payer, devant nous, au sud, nous apercevions de sombres reflets; à droite et à gauche, les côtes s'enveloppaient de brouillards. Comme on s'efforce toujours de croire ce que l'on désire, nous fîmes appel à toute notre sophistique pour expliquer ces phénomènes autrement que par la présence de l'eau vive; mais bientôt nous entendîmes, à n'en plus douter, le bruit sinistre des pressions et du flot qui se rapprochait. Orel et moi, nous prîmes les devants, pour juger de l'imminence du péril. Au bout de quelques centaines de pas, la route nous manqua tout à coup. La mer libre était là, gonflant à perte de vue ses vagues murmurantes.

« Quel coup d'œil accablant! Tous les icebergs à travers lesquels nous avions passé un mois auparavant, s'en allaient flottant à la dérive. Qui savait si parmi eux ne se trouvait pas le bloc de glace où nous avions établi, en venant, notre dépôt de vivres? Que faire? Nous nous trouvions sans chaloupe, sans provisions, à 90 kilomètres encore du *Tegetthoff*. A supposer que nous prissions le parti de manger les chiens, cette suprême ressource nous assurait tout au plus huit jours d'existence. Il fallait absolument chercher une voie de salut.

LA RETRAITE DE LA COLONNE COUPÉE PAR L'EAU LIBRE.

Mais de quel côté nous diriger? De quel côté l'eau noire de l'Océan offrait-elle un passage ponté qui nous permît de rejoindre le navire? A droite, nul espoir. La nappe liquide s'étendait visiblement au delà des glabres récifs des îles Hayes, jusque vers l'entrée du Markham Sund. Il ne nous restait d'autre issue que les glaciers de la terre de Wilczek, à gauche.

Toute la question — ô terrible perplexité! — était de savoir si les glaces au sud de cette terre offraient encore une arène suffisamment solide.

« Pour surcroît de contre-temps, la température remonta à 13° au-dessous de zéro et une violente tourmente de neige fondit sur nous. Nous fûmes obligés de continuer quand même notre route au milieu de la rafale, car le moindre retard pouvait nous coûter la vie, en donnant au vent le loisir de rompre les dernières chaussées de glace par lesquelles nous avions chance de nous échapper. Quelle épouvantable retraite, dans ce tourbillon aveuglant, qui nous ôtait littéralement la respiration et la vue, au bruit sinistre de la mer qui déferlait tout près de nous! C'est à peine si nous discernions, à notre gauche, les hautes murailles de la terre de Wilczek, notre unique refuge en cette occurrence.

« Nous atteignîmes enfin, mourant de faim et de froid, après une marche de sept heures, les premières déclivités du glacier latéral, et nous y établîmes notre tente. Nous nous couchâmes sans manger, tant nous étions épuisés! Pour être momentanément en sûreté, nous n'en avions pas moins devant les yeux la plus sombre perspective. »

Le lendemain, après un déjeuner sommaire, on se remit en route. Par bonheur, la mer s'était retirée du côté de l'ouest, et, d'iceberg en iceberg, on arriva au cap Francfort. Là on trouva un champ de glace solide, grâce auquel le lendemain, à minuit, par un magnifique soleil, on atteignit l'île Schœnau. On ne se trouvait qu'à 40 kilomètres du navire.

Payer résolut alors de prendre les devants avec les chiens, laissant Orel et Zaninovich le suivre à distance, avec le gros du bagage. Précédé par *Jubinal* et *Torossy*, qui, à mesure qu'ils avançaient, semblaient se reconnaître et trottaient, le nez au vent et la queue dressée, il atteignit le détroit qui sépare l'île Salm de l'île Wilczek; à sa droite se dressait la noire silhouette du cap Orgel. Les chiens s'y dirigèrent sans hésiter, et Payer, après en avoir atteint le sommet, porta anxieusement ses regards vers l'immensité de la mer de glace.

Tout à coup il aperçut trois fines raies se profilant sur le ciel; les mâts du *Tegetthoff*, dont la coque, à 4 kilomètres de distance, ne semblait pas plus grosse qu'une mouche. C'était le 23 avril, par 18°,75 au-dessous de zéro.

PRÈS DES ILES SALM ET WILCZEK

On devine la hâte avec laquelle Payer redescendit du cap Orgel et se dirigea vers ses compagnons. On devine aussi avec quels transports de joie il fut accueilli. Après les premières explications, l'équipage quitta le navire pour aller au-devant d'Orel et de Zaninovich dont l'arrivée compléta la fête.

Pendant l'absence de Payer, on n'avait pas perdu le temps à bord. Les officiers avaient achevé leurs observations magnétiques et préparé leur travail de triangulation. L'équipage avait équipé les chaloupes, qui devaient servir au retour, et emballé les provisions.

Le nombre des malades avait diminué, grâce à l'abondance de chair fraîche produite par la chasse à l'ours.

« Qu'on me permette, dit Payer, de donner ici quelques détails sur ce genre de chasse.

« D'ordinaire, sitôt qu'un ours s'aventurait dans le voisinage du navire, la sentinelle frappait du pied sur le pont et, à ce signal convenu, tout ce qui était à l'intérieur se précipitait au dehors. Au premier coup de fusil, l'ours tombait ou s'enfuyait. S'il était mort, on procédait tout de suite au dépècement ; la carcasse était pour les chiens. Il n'était pas

A LA DÉCOUVERTE DU NAVIRE.

cependant toujours bien prudent de s'approcher de lui, alors même qu'il semblait mort ; cet animal, fort lourd en apparence, a, si grièvement blessé qu'il soit, des mouvements dont la prestesse féline vous déconcerte.

« Un jour, j'étais allé avec le traîneau des chiens à 2 kilomètres environ du navire, le long d'un *ouacke*, pour y prendre ma part d'une chasse au veau marin. Le gibier ne se montrant pas, je perdis patience et, toujours accompagné des chiens, je me mis en quête d'un bassin d'eau plus considérable. Je dois dire que ce genre de chasse agréait fort à messieurs nos chiens; il était même important de ne les y pas perdre de vue, sans quoi ils eussent été capables, sitôt qu'ils apercevaient, dans le miroir d'un canal, la tête noire d'un de ces animaux, de s'y précipiter avec le traîneau et les armes qu'on y mettait en réserve.

« Je m'étais approché d'un groupe d'*hummocks*, lorsque soudain trois ours débouchèrent à quatre-vingts pas de distance et coururent sur moi de toutes leurs forces. La fuite était impossible : c'eût été la perte certaine des chiens. Ceux-ci, à l'aspect des monstres, s'étaient mis à se démener, en proie au plus vif émoi. Par bonheur, je pus à la hâte saisir mon fusil, faire faire demi-tour au traîneau, malgré les gesticulations de l'attelage, et m'agenouiller, le canon appuyé sur le véhicule. Je lâchai la détente au moment où le plus gros des plantigrades n'était plus qu'à vingt pas de moi. Atteint juste au poumon, il bondit en rugissant et retomba raide mort. Les deux autres ours prirent la fuite et se précipitèrent à la nage dans le canal. Toute la fusillade et la poursuite de mes hommes, accourus au bruit, restèrent inutiles.

« Quant aux chiens, ils ne cessèrent, suivant leur coutume, d'aboyer et de se trémousser de la façon la plus furibonde que lorsqu'on eut chargé sur le traîneau le corps de l'ennemi, une femelle qui mesurait plus de 2 mètres. Cependant les ours, qui s'étaient d'abord enfuis — c'étaient deux petits, — revinrent vers nous et se mirent à suivre à quelque distance le corps de leur mère, tandis qu'on le véhiculait, sans se soucier des coups de fusil qui leur étaient envoyés. Quand on fut au navire, ils s'installèrent aux environs, annonçant l'intention de n'en pas bouger. La nuit venue, ils s'approchèrent même si près, que *Pékel* s'élança sur eux du haut du pont.

« Nous dûmes alors, Orel et moi, courir à la rescousse pour défendre le chien. Un des ours fut tué, l'autre s'échappa;

L'OURAGAN (page 143).

mais, cette fois, l'intraitable *Pékel* se précipita aux trousses de la bête, ce qui nous obligea de le suivre deux heures durant, jusqu'à ce qu'enfin la vue des traces divergeant dans la neige nous donna la conviction que le chien était retourné sain et sauf au navire.

« Il était deux heures du matin quand nous nous remîmes au lit. A peine couchés, nous voilà réveillés à nouveau par Lusina, qui nous crie en son dialecte : « Un orso ! » Nous montons sur le pont et nous apercevons, à vingt pas au-dessous de nous, un animal gigantesque. Une salve le jette par terre ; mais il se relève et décampe. Nous nous élançons après lui sur la neige. Se voyant poursuivi, il se dresse de toute sa longueur, la tête haute. Six coups de fusil tirés d'aussi près que possible ne parviennent pas à en avoir raison. Il s'éloigne péniblement en laissant derrière lui un ruisseau de sang. Une nouvelle décharge le tue enfin. C'était la bête la plus grosse que nous eussions encore abattue ; elle avait $2^{m},50$ de long, 50 centimètres à la tête, $1^{m},50$ de là aux pattes de derrière.

« Une autre fois, un de ces animaux s'en vint rôder aux abords du navire, par une nuit si noire que, bien qu'il ne fût point à plus de soixante-dix pas, c'était à peine si on le distinguait. Il alla ainsi flairant divers objets que nous avions laissés sur la glace ; quand nous le crûmes assez près de nous, nous lui adressâmes quatre coups de feu simultanés : sur quoi il disparut. Weyprecht et moi nous descendîmes en toute hâte ; mais, avant que nous eussions escaladé le bloc de glace où nous l'avions vu en dernier lieu, nous le découvrîmes à moitié hissé dessus, avançant la tête avec de furieux grognements, et prêt sans doute à fondre sur nous. Nous tirâmes tous les deux ensemble, à bout portant pour ainsi dire, dans l'obscurité. Seulement, aveuglés par le feu de notre arme, nous ne nous aperçûmes pas tout de suite que l'ours, quoiqu'il eût dégringolé en bas du bloc, n'était que blessé et non mort encore. Une violente bourrasque de neige qui régnait en ce moment favorisa sa fuite. Après avoir suivi sa piste l'espace de quelques mètres, nous renonçâmes à nous hasarder plus loin, de peur de nous égarer dans l'obscurité et de ne plus retrouver le navire.

« La pire faute que l'on pût commettre même en plein jour, c'était de sortir sans fusil.

LE MARÉCAGE DE NEIGE.

« Je me souviens de m'être ainsi exposé une fois avec le traîneau des chiens, à l'époque où notre glaçon n'avait plus qu'un pourtour excessivement faible. A très-peu de distance du navire, je me trouvai presque nez à nez avec un ours qui, fort heureusement, ne m'éventa pas, tout occupé qu'il était à contempler, le museau en l'air, le spectacle, étrange pour lui, de notre bâtiment. Je pus donc m'esquiver sans encombre avec l'attelage et aller querir du renfort.

« On attaqua en règle mon gaillard, qui fut blessé, mais réussit toutefois à gagner à la nage un glaçon voisin. Là il s'affaissa sur lui-même, et on l'acheva de quelques coups supplémentaires. Au moyen de cordes nous l'amenâmes à nous. Il avait $1^{m},90$ de long et la panse absolument vide.

« Nous ne négligions jamais, autant qu'il se pouvait, de suivre à la piste les ours atteints par nous ; plus d'une fois il nous arriva, en effet, d'en retrouver quelqu'un, à mille ou quinze cents pas du navire, gisant dans une mare de sang et assez grièvement blessé pour qu'il nous fût aisé de l'achever sur place.

« Un jour de janvier, en pleines ténèbres polaires, l'enseigne Orel était sorti pour aller lire le thermomètre que nous avions exposé à l'air libre. Au bas de l'escalier qui conduisait sur la glace, un ours s'élança soudainement sur lui. Sans perdre l'esprit, l'enseigne jeta sa lampe à la tête du monstre et se sauva prestement sur le navire. Zaninovich lui ayant tendu un fusil, Orel lâcha les deux coups sur la bête, qui tenait déjà l'escalier.

« Je ne sais toutef is ce qui serait arrivé si nous ne fussions accourus et n'eussions fait un feu de peloton qui mit par terre l'importun. J'ai dit, je crois, que le côté le plus fâcheux de ces chasses, pendant la période crépusculaire, c'est que, même en plein midi, on ne voyait pas la mire du fusil et qu'on tirait à peu près au hasard. »

CHAPITRE IX

Troisième excursion en traîneau. — L'île Mac Clintock. — Le cap Brünn. — La terre de Zichy. — Aspect de la terre François-Joseph; sa faune et sa flore.

Pendant les derniers jours d'avril, l'atmosphère resta calme et le ciel serein. Mais le froid, qui se maintenait entre 18° et 25°, retardait l'amollissement de la neige et permettait d'entreprendre une troisième excursion en traîneau. Celle-ci avait pour objet l'exploration de la partie occidentale de la terre François-Joseph, afin de constater si elle ne se développait pas autant vers le Spitzberg[1] que dans la direction du nord.

Le 29 avril, Payer, le lieutenant Brosch et Haller quittèrent le bord, emmenant *Jubinal* et *Torossy*, et le petit traîneau chargé de vivres pour une semaine. Le chien *Pékel*, qu'ils avaient laissé sur le navire, vint au galop retrouver la caravane et s'y joignit comme volontaire.

La première halte eut lieu à l'île Wilczek. L'île Mac Clintock, vers laquelle on tendait, présentait un pont de glaciers se prolongeant, de droite à gauche, depuis le cap Brünn jusqu'au cap Oppolzer; à partir de ce dernier cap, la côte semblait s'infléchir au nord-ouest.

1. Le Spitzberg, archipel de l'océan Glacial arctique, est composé de trois ou quatre grandes îles situées de 76° 30′ à 80° 30′ de latitude nord et de 8° à 30° de longitude est. Il fut découvert en 1595, par les Hollandais Barentz et Cornelius, qui lui donnèrent son nom, lequel signifie *montagnes pointues*. Il appartient géographiquement à la Norvège.

Dès le début de la marche, on avait allégé le traîneau en déposant dans un iceberg une réserve de provisions. Pendant qu'on installait le magasin, un ours déboucha d'une enfractuosité et courut impétueusement sur les explorateurs. Quelques coups de fusil tirés à la hâte le mirent en fuite; il avait été touché, mais aucune de ses blessures n'était sans doute mortelle, puisqu'il parvint à se mettre à l'abri.

Pour parvenir à l'île Mac Clintock, il fallait traverser un *pack* criblé de crevasses qui, selon toute évidence, communiquaient au sud avec un bassin d'eau libre éloigné d'environ 6 kilomètres. Les voyageurs s'y engagèrent résolument.

Les chiens se montraient de plus en plus les ennemis irréconciliables des ours. Dès qu'un de ces animaux, blessé, ralentissait sa fuite, ils s'élançaient vers lui, mordant ses pattes et s'efforçant de l'arrêter. Le chef d'attaque était toujours le petit *Pékel*, qui avait réussi à dresser *Torossy* à cette poursuite.

« Un soir, dit Payer, que nous étions dans notre tente, occupés à préparer notre repas du soir, un ourson apparut. Avant que nous eussions pu intervenir, nos chiens tombèrent sur lui comme un ouragan et se mirent à le pourchasser au loin. Comme nous savions que l'ours ainsi traqué a pour habitude de faire soudain volte-face et de poursuivre à son tour ses agresseurs, nous étions fort inquiets pour nos chiens, et principalement pour *Torossy*, qui n'était pas même assez avisé pour retrouver seul un campement, l'eût-il en vue dans son horizon. L'ours revint effectivement sur ses pas; mais, par bonheur, le malin *Pékel* fit un mouvement stratégique qui dégagea *Torossy* et poussa la bête dans la direction de notre tente. Nous fûmes obligés de la tuer, bien que notre approvisionnement en chair fraîche ne nous donnât aucune envie de nous approprier sa graisseuse personne. »

Le 1er mai, le campement fut établi sur la côte même de

L'AGRESSION

l'île Mac Clintock, au pied du cap Brünn, que, dès le lendemain, Payer et Haller se disposèrent à escalader.

Il leur fallut deux heures d'une marche pénible pour traverser, attachés à une corde, le glacier Simony, et trois heures de plus pour gagner en zigzag l'aiguille à pic du promontoire. Ils se trouvaient à une altitude de 760 mètres. Le thermomètre marquait 22°,50 au-dessous de zéro.

LE DÉTROIT DE MARKHAM.

De ce point élevé Payer observa le pays.

Au delà du large détroit de Markham, à la partie méridionale de la terre de Zichy, se prolongeait une chaîne de montagnes coniques au milieu desquelles se dressait une mince et blanche pyramide, haute de 1500 mètres, que Payer nomma *aiguille de Richthofen*. A perte de vue, le pays apparaissait coupé de baies et couvert de glaciers ; il était impossible d'en déterminer les limites du côté du Spitzberg ou de la terre de

Gillis; à la distance de 110 à 150 kilomètres, on distinguait encore nettement des reliefs montagneux, et, selon toute probabilité, dans cette direction, la masse continentale s'étend au moins jusqu'au 50° et peut-être jusqu'au 48° degré de longitude est. Au sud du détroit de Markham, les terres étaient coupées par un détroit qui fut nommé *Negri Sund*. Ce détroit était déjà navigable, et plus loin, sur le détroit de Markham, on apercevait de sombres traînées, indices certains de fêlures dans la glace.

Pour compléter ses découvertes, Payer aurait dû gagner le nord-est avec une chaloupe et gravir l'aiguille de Richthofen sur la terre de Zichy. Mais il ne lui restait plus que quinze jours pour commencer son mouvement de retraite vers l'Europe. Aussi reprit-il le chemin du glaçon du *Tegetthoff*. Il y arriva après une marche de 22 heures.

Ses voyages d'exploration étaient terminés. Dans ses trois excursions en traîneau, il avait parcouru en tout environ 725 kilomètres.

Voici en quels termes généraux le lieutenant Payer décrit la nouvelle terre polaire si inopinément découverte par l'expédition austro-hongroise :

« En résumé, la terre François-Joseph, dans son développement dès à présent connu, forme un système régional arctique qui est à peu près de la grandeur du Spitzberg et se compose de plusieurs massifs. La terre de Witczek et la terre de Zichy forment, à l'est et à l'ouest, les deux principaux; l'une et l'autre sont entrecoupées de nombreux fiords et bordées d'une quantité d'îles. Un vaste détroit, l'Austria Sund, les sépare dans toute leur longueur, à partir du cap Francfort au midi, et s'embranche, près de la terre du Prince Rodolphe (81° 40′ de latitude nord), dans un autre bras considérable, le Rawlinson Sund, qui se dirige au nord-est.

« A l'époque de nos excursions, une soudure de glaces, âgée d'une année environ, reliait entre elles toutes ces côtes;

cette arène était constellée d'une infinité d'icebergs où se mêlaient de hautes et larges boursouflures et, en certains endroits, des crevasses. Tant que ce *pack* garda sa consistance, chaque fiord offrit un lieu d'hivernage commode; mais quand l'agglomération se fut rompue, nul point de la côte ne présenta plus de refuge assuré, par suite de l'absence de ces petites baies profondes telles que nous en avions trouvé, en 1869, aux îles du Pendule.

« Comme j'ai eu le bonheur de parcourir les diverses contrées que baigne l'océan Glacial arctique, il m'a été permis de comparer les unes aux autres. Le Groenland occidental est un haut et uniforme plateau glaciaire; la côte opposée, au contraire, est un grandiose massif alpestre, pourvu d'une flore et d'une faune relativement riches et variées.

« Ce qui demeure jusqu'ici absolument inconnu, c'est la région intérieure où s'opère la transition de cette double nature. Quant au Spitzberg et à la Nouvelle-Zemble, on s'en fera une idée approximative si l'on se les représente comme une sorte d'Oberland tyrolien, un haut relief de glaciers analogue à celui de l'Œtzthal, et qui domine de 3000 mètres le niveau de la mer. Toutefois, ni le Spitzberg ni l'archipel de la Nouvelle-Zemble n'offrent, à proprement dire, le caractère d'âpreté désolée d'une nature foncièrement arctique. Ce caractère n'appartient qu'à la terre François-Joseph.

« Dans les premiers mois de l'année surtout, celle-ci semble absolument dépouillée de vie; ce n'est, de toutes parts, qu'un hérissement de gigantesques glaciers, de montagnes glabres et candies, aux cônes abrupts. Un éblouissant linceul de neige recouvre le pays entier, et les parois mêmes des roches nues, au lieu d'avoir leur coloris naturel, sont revêtues d'une croûte de glace rigide, due à la condensation de la pluie et de l'humidité. Cette humidité d'un pays où la température moyenne de l'année ne passe guère 16°,25 au-dessous de zéro, paraît tenir à sa configuration insulaire; car, au Groenland aussi bien qu'en Sibérie, les hivers se distinguent par un froid sec. Ajoutons que, par sa formation géologique, la terre François-Joseph a une analogie évidente avec certaines parties du Groenland oriental : ici comme là-bas, la roche qui domine est une espèce de dolérite. On y rencontre aussi du grès blanchâtre mélangé de petits grains de quartz, et des blocs erratiques[1].

« La végétation est partout excessivement pauvre et bien inférieure à celle des autres terres arctiques que nous avons déjà décrites. On n'y trouve pas même ce misérable entrelacement de saules et de bouleaux minuscules rampant au ras du sol, ni ces nombreuses plantes phanérogames[2] qui croissent aux îles du Pendule et à la Nouvelle-Zemble ; nulle part nous ne vîmes un tapis de gazon de 30 centimètres carrés qui nous rappelât les régions du Midi. Quelques touffes de saxifrages, de cérastes, de pavots, de mousses, des lichens en assez grand nombre, puis d'autres végétaux à peine développés, voilà toute la flore de cette *terre de désolation.*

« Les bois flottants y sont rares, et la plupart semblent échoués de très longue date. Je me souviens particulièrement qu'un jour, sous le cap Tyrol, nous vîmes un tronc d'épicéa ou de mélèze de 30 centimètres d'épaisseur, long de plusieurs mètres. Sans doute, à l'instar de notre navire, il avait été poussé jusque-là par les vents ; nous conjecturâmes qu'il provenait des côtes de Sibérie.

« D'habitants humains, nulle trace, cela va sans dire. L'Esquimau lui-même trouverait-il à vivre dans ces parages ? C'est très douteux. Sur la côte ouest du Groenland, où sont ses établissements les plus septentrionaux, on ne le rencontre plus au delà de 78° 20′ de latitude.

« Il n'y a guère, dans le sud de la terre François-Joseph,

1. Fragments de roches transportés loin des formations auxquelles ils appartiennent.

2. Plantes pourvues de fleurs.

que des ours polaires et des oiseaux voyageurs. Au nord du 81° degré, nous aperçûmes bien, dans la neige, des vestiges nombreux et distincts de pieds de renards, mais nous n'eûmes jamais l'occasion de voir un de ces animaux. Quant aux rennes et aux bœufs musqués, l'indigence de la végétation les empêche de remonter jusque-là, à moins cependant qu'il n'existe, ce que nous n'avons pu vérifier, dans les parties tout à fait occidentales et inexplorées du pays, des pâtis qui leur permettent de vivre en troupes, comme au Spitzberg.

« En fait de grands mammifères marins, nous ne rencontrâmes fréquemment dans ces parages — en dehors de quelques convois de baleines voyageuses — que des veaux marins.

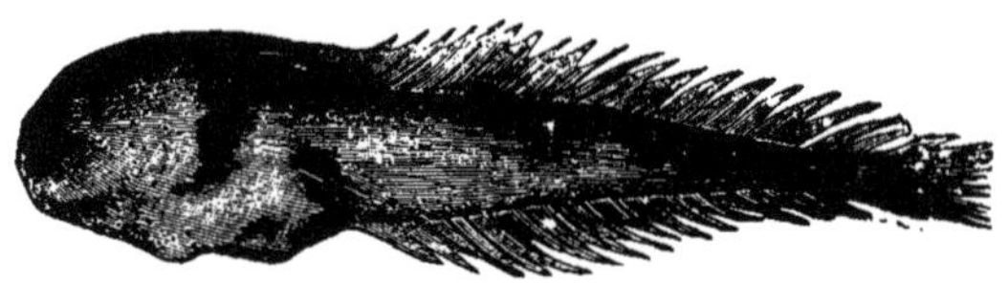

LIPARIS GELATINOSA

Deux fois seulement nous vîmes des morses, mais assez loin de la côte. Il est probable toutefois, en ce qui concerne ces derniers animaux, que ce fut uniquement l'absence d'eau vive qui nous empêcha de les observer le long du rivage ; car la nature et la profondeur du sol marin dans ces régions polaires ne sont pas un obstacle à leur existence : on sait qu'ils se nourrissent de coquillages et de varechs.

« Les seuls poissons que nous prîmes au chalon[1] furent des espèces du genre *Liparis gelatinosa* et du genre *Gadus* (morue).

« Quant aux oiseaux, ceux que nous rencontrâmes entre la Nouvelle-Zemble et la terre François-Joseph furent les sui-

1. Grand filet que l'on traîne.

vants : la mouette à longue queue, la mouette noire, la mouette bourgmestre, la mouette d'ivoire, qui ne réside que dans le voisinage des glaces, la mouette à trois doigts, la mouette rose, l'hirondelle de mer, le mamelouk, l'eider[1], la chouette, l'ortolan, et diverses espèces de plongeons.

« Notre observation sur la faune non vertébrée des districts océaniens que nous traversions se trouva considérablement limitée à partir du moment où nous ne fûmes plus maîtres des mouvements de notre navire. Je dirai seulement que nous pêchâmes quatre espèces de crevettes, des cloportes de mer, des éponges, des arpignées et autres représentants plus ou moins connus de la faune du Spitzberg et du Groenland. »

1. Espèce de canard qui fournit l'édredon.

CHAPITRE X

Abandon du *Tegetthoff*. — Remorquage des chaloupes. — Le port d'Aulis. Le vent et les glaces. — La houle. — Le dernier glaçon.

Le but de l'expédition était accompli ; elle avait acquis un assez riche butin de découvertes et d'observations. La question du retour en Europe était décidée, ainsi que celle de l'abandon du *Tegetthoff* dans son berceau de glace. Chacun dès lors se prépara au départ. Tandis que les officiers s'occupaient de mettre en sûreté les résultats scientifiques du voyage, les hommes de l'équipage réparaient leurs vêtements.

Les angoisses de nos explorateurs étaient cruelles ; leur serait-il permis de revoir leur pays, ou trouveraient-ils la mort dans leur entreprise ? Ils ne pouvaient emporter de vivres que pour trois mois ; il fallait donc que leur destin fût décidé dans ce délai.

Trois de leurs chaloupes furent affectées au transport ; deux d'entre elles étaient des bateaux de pêche norvégiens de 6 mètres de longueur sur $1^{m},50$ de large et 75 centimètres de profondeur. Dans l'une montèrent le lieutenant Weyprecht, le docteur Kepes et sept hommes ; dans la seconde, le lieutenant Payer, l'enseigne Orel et six hommes. Le troisième bateau, un peu plus petit, reçut le lieutenant Brosch et six hommes. Deux des chiens, devenus indisciplinables, furent tués, et l'on n'emmena que *Jubinal*, *Torossy* et *Pékel*.

ABANDON DU TEGETTHOFF.

L'équipement de chacun se composait de deux chemises de laine, d'un caleçon de laine, de trois paires de bas, de bottes de cuir, de bonnets, d'une fourrure pour dormir, d'un grand couteau, d'une cuiller, d'une paire de conserves et d'un petit sac de tabac à fumer.

Quant au plan de voyage, il était des plus simples. On se dirigerait presque en droite ligne au sud, vers le dépôt de provisions établi près des îles de Barentz. Après s'être ravitaillé, on longerait la côte de la Nouvelle-Zemble, en quête d'un des navires que la pêche du saumon retient jusqu'à l'automne dans les rivières de ce pays. Il était même possible de rencontrer plus au nord quelque pêcheur de phoques norvégien.

Les chaloupes devaient naviguer de conserve. Dans le cas où un accident les séparerait, les îles Guillaume étaient indiquées comme lieu de rendez-vous à la mi-août. Pour que l'entreprise réussît, il fallait qu'à la fin du mois d'août on eût dépassé la partie de la mer couverte de glace. Et l'on devait se hâter, car le dégel pouvait amener la dislocation du *pack*. On était au 16 mai; la température était déjà remontée au-dessus de zéro.

Le 20, les explorateurs se mirent en devoir de quitter le *Tegetthoff* après avoir cloué aux mâts les pavillons austro-hongrois. S'ils étaient heureux de rentrer dans la période d'activité, ils abandonnaient leur navire, circonstance toujours pénible pour des marins. Aussi ne fût-ce pas sans une émotion profonde qu'ils descendirent l'escalier du *Tegetthoff*, après avoir fait sur le pont un dernier repas et avoir déposé sur la table de la chambre d'arrière un document relatant les motifs de cet abandon. Ils étaient obligés de laisser derrière eux leurs collections zoologiques, botaniques et géologiques, leur précieuse bibliothèque, leurs approvisionnements de vivres et de poudre qui leur eussent suffi pour six mois encore, et soixante-sept peaux d'ours toutes préparées.

« A neuf heures du matin, dit Payer, nous étions assemblés devant les canots.

« De sombres traînées de nuages amoncelés au-dessus de la terre nous dérobaient le soleil. Rien de plus triste à voir que ce désert de glace et de neige, aux *hummocks* bizarrement enchevêtrés, qui formait notre route et sur lequel nous devions cheminer pendant trois mois.

« Attelés, au nombre d'une douzaine, aux chaloupes et aux traîneaux, nous les transportâmes péniblement à 1600 mètres de distance, puis nous revînmes péniblement au *Tegetthoff* pour y prendre un peu de thé. Trois fois cette besogne fut répétée ; après quoi, nous nous livrâmes au repos, tout près du navire.

« Telle fut la mesure à peu près constante et plus que modeste de nos étapes ; il y eut même des jours où nous ne gagnâmes pas 800 mètres. Nous eûmes beau profiter du moindre souffle de vent du nord pour tendre la voile sur les chaloupes et sur les traîneaux, notre marche restait entravée par un obstacle contre lequel nous étions impuissants, l'amollissement de la neige.

« A chaque pas les véhicules enfonçaient ou buttaient, et ce n'était pas une mince affaire que les dégager. Ajoutez qu'il était absolument impossible de transporter le bagage d'un seul coup ; la moitié de l'équipage suffisait à peine à la traction d'un traîneau ou d'une barque : aussi étions-nous obligés d'opérer le transfert partiellement et en trois fois, et conséquemment de faire à deux reprises le chemin à vide. La sueur nous coulait au visage ; l'atmosphère, surtout par un ciel couvert, était incroyablement lourde et étouffante. Au bout de quelques jours de ce travail, fort approchant de celui de Sisyphe, beaucoup d'entre nous avaient les épaules en sang.

« Pendant la première semaine, il m'arrivait chaque jour, après l'étape, de retourner au navire avec Haller, pour y chercher des vivres. Des nuées de mouettes se querellaient, avec des cris rauques, sur les cadavres des ours laissés près du bâtiment. Parfois aussi on apercevait quelques-uns de ces plantigrades rôdant au loin à la ronde, impatients de voir arriver leur tour de pillage ; ils paraissaient attendre que le navire fût complètement abandonné pour s'emparer à tout jamais de cette citadelle mystérieuse d'où tant de malheurs avaient fondu sur leur race.

« Du reste, ils n'avaient pas manqué de faire la conduite à notre colonne pendant qu'elle se repliait. De temps à autre, on en tuait un, à la grande joie des mouettes, toujours à l'affût de cette provende et qui s'entendaient si bien au dépècement qu'elles ne laissaient guère que les os. Je me rappelle qu'une fois, m'étant éloigné de la colonne pour aller chercher quelques objets laissés en arrière, à la suite d'un de nos débardages accoutumés, je découvris, à cent pas de moi, un ours qui dormait dans la neige. En l'apercevant, les chiens du petit traîneau firent mine de fondre impétueusement sur lui ; j'eus grand'peine à les retenir et à pousser le véhicule derrière quelques *hummocks*. Au moment où l'animal se redressait, je lui envoyai une balle.

« Il s'éloigna en clopinant péniblement. Les chiens alors, entraînant la charge avec eux, coururent sur lui avec ardeur. *Torossy* surtout montrait par ses bonds, ses abois, ses frétillements de queue, qu'il n'avait pas la moindre conscience de la gravité de la situation. Et de fait, il ne dut qu'à l'intervention de *Jubinal* d'échapper aux griffes du monstre.

« Par bonheur aussi, comme l'ours, ranimé par la colère, allait atteindre l'attelage, celui-ci opéra un mouvement tout à fait élégant de conversion preste, qui me permit d'achever l'ennemi à bout portant, avec ma dernière cartouche. Il était temps. »

Depuis quelques temps, on apercevait au ciel, dans le sud-ouest, des reflets sombres indiquant la présence de l'eau vive. Ces reflets provenaient sans doute des fêlures observées par

REMORQUAGE DES TRAINEAUX A TRAVERS LE PACK (page 163).

Payer du haut du cap Brünn. On espérait rencontrer un chemin navigable dont on suivrait les détours parmi les fractions divisées du *pack*, ce qui devait favoriser la retraite vers le sud.

En effet, le 28 mai, on arriva à une petite île plate, à laquelle fut donné le nom d'*île Lamont*. De là on découvrit un bassin d'eau libre se dirigeant vers le sud-est. Au milieu de ce bassin, qui se trouvait à 1600 mètres environ de l'îlot, flottait un immense bloc carré entouré lui-même d'agglomérations de glaces tassées.

Le surlendemain, les voyageurs se mirent en devoir de gagner la limite du bassin pour procéder à leur embarquement. En arrivant, ils s'aperçurent que la bordure des glaces était inaccessible, et, malgré une recherche attentive de plusieurs jours, ils n'y purent trouver une seule ouverture. Ils reconnurent également qu'il n'y avait pas davantage moyen de tirer plus avant les traîneaux. En face d'eux, la crevasse présentait son abîme infranchissable. Pour la tourner, il aurait fallu escalader, en rétrogradant, des monticules de glace qui avaient jusqu'à $4^{m},50$ de hauteur.

Payer et ses compagnons se virent donc obligés de regagner une plaine de glace moins tourmentée. Le 3 juin, ils y installèrent une sorte de camp retranché, qu'ils nommèrent, en manière de plaisanterie, le *port d'Aulis*[1], parce que, de même que les Grecs au port de ce nom, ils étaient contraints d'y attendre le bon vouloir des vents, qui seuls pouvaient leur ouvrir un chemin en déblayant les canaux obstrués. Ils se trouvaient alors par 79°46', c'est-à-dire, comme latitude géographique, à 5' (9 kilomètres) seulement du navire. On apercevait nettement à l'horizon le haut relief du cap Tegetthoff.

Profitant de cette halte forcée, Payer se rendit au navire,

1. Aulis, ville de l'ancienne Béotie, fut le rendez-vous général de la flotte des Grecs, lors de l'expédition de Troie, en 1260 avant Jésus-Christ.

avec quelques hommes et les chiens, et en ramena une des barques qu'on y avait laissées.

Le temps s'était mis à la pluie et le ciel restait presque constamment couvert. Dans leur désir de quitter ces lieux désolés, les voyageurs retournèrent à l'île Lamont pour y chercher une ouverture navigable; mais ce fut en vain qu'ils ex-

CAMPEMENT AU PORT D'AULIS.

plorèrent les bords du bassin : l'enceinte en restait solidement murée. En vain également ils essayèrent de creuser un bassin artificiel pour y placer une de leurs chaloupes; il fallut regagner le port d'Aulis.

« Quelle morne attente! dit le lieutenant Payer. Accroupis du matin au soir dans nos étroites embarcations, consumés par un indicible ennui, nous ressemblions à des momies au fond d'un tombeau.

« Les mouettes, étonnées, se massaient en observation autour de nous; et quand le cri rauque et plaintif du bourgmestre retentissait dans le silence de la nuit, il nous semblait entendre, comme un appel de l'autre monde, une sorte de voix démoniaque qui nous avertissait d'avance de l'impuissance de tous nos efforts à rompre l'entrave de notre destin.

« Le seul incident qui vint animer un peu la monotonie de notre existence fut l'apparition d'un ours le 14 juin. Il tomba en quelque sorte dans notre potage, qui n'était pourtant pas, je vous assure, un manger des plus appétissants. *Torossy* avait commencé un aboiement enroué et famélique; *Pékel* l'avait imité; tous deux furent immédiatement chassés à contre-vent; après quoi Haller, qui faisait ce jour-là les fonctions de cuisinier, étala notre ours d'un coup de feu dans la tête, à vingt pas à peu près des chaloupes.

« Grande joie pour les chiens, qui assistèrent au dépècement et eurent, comme de coutume, leur part de viande fraîche. Une heure après, nous remarquâmes qu'ils avaient la voix sensiblement plus claire et plus forte.

« Cependant la mi-juin était arrivée; les vents du sud régnaient toujours, et pas le moindre courant d'eau ne se montrait à nos regards. Il y avait déjà des semaines que nous piétinions littéralement sur place autour de notre navire; le tiers de nos vivres, ou peu s'en faut, était dévoré, et sur les 725 kilomètres que nous avions à parcourir, nous en avions fait 9 à peu près. En continuant de la sorte, nous étions sûrs d'arriver chez nous au bout de vingt années environ. »

Enfin, le 17 juin, un canal s'ouvrit vers le sud. Tout d'une traite, les voyageurs franchirent les glaces qui leur barraient le chemin et se trouvèrent, la nuit venue, avec tout leur bagage, au bord du canal, lequel s'étendait de l'est à l'ouest.

Le lendemain les chaloupes furent lancées: les traîneaux, bien attachés, devaient flotter à la remorque. Les trois chiens furent placés chacun dans un canot. *Jubinal* sauta gaillardement dans le sien ; quant à *Pékel*, et surtout à *Torossy*, qui n'avait jamais vu tant d'eau vive, il fallut user de ruse pour les faire monter à bord. Les hommes s'embarquèrent à leur tour, et la petite flottille s'avança, à la voile et à l'aviron, dans la direction du sud.

L'EMBARQUEMENT.

Après avoir parcouru 5 kilomètres, l'on atterrit à un gros glaçon sur la rive méridionale du bassin, dont les contours étaient déchiquetés par un nombre infini de petites anses.

Les embarcations furent tirées sur la glace et l'on passa la nuit tant bien que mal.

Le lendemain, la neige se mit à tomber, les parties disjointes du *pack* se ressoudèrent et les brèches des canaux s'obstruèrent. Il fallut attendre et avec des angoisses d'autant plus grandes que le vent, soufflant du sud, menaçait de faire dériver vers le nord le glaçon qui servait de refuge aux chaloupes.

Les journées des 20, 21 et 22 juin se passèrent dans l'immobilité ; mais on eut la chance de tuer un phoque. Cette chasse aux veaux marins offrait aux navigateurs un intérêt d'autant plus sérieux qu'elle épargnait leurs vivres, dont la suffisance ou l'insuffisance était pour eux une question de vie ou de mort.

Les extraits suivants du journal du lieutenant Payer donneront une idée de la monotonie de cette période de l'expédition.

« 23 *juin.* — Peu de chose de nouveau vers le sud ; néanmoins, dans la matinée, nous parvenons à franchir deux petits bassins et deux glaçons : c'est encore 400 mètres de gagnés. L'interposition d'un bloc nous empêcha de pénétrer tout de suite dans un troisième *ouacke;* mais dans l'après-midi un entre-bâillement se fait devant nous, et nous poussons encore l'espace d'une centaine de pas au midi. Entre temps, notre camarade Lukinovich tombe à l'eau ; on le repêche ; il se montre fort surpris que nous ne le considérions pas comme une victime de la science.

« 24 *juin.* — Au saut du lit — si j'ose employer cette expression, — Orel tue un phoque d'une taille inusitée.

« Nous traversons ensuite dans toute sa longueur une plaine de glace d'un demi-mille d'étendue. A son extrémité méridionale, nous sommes contraints de nous arrêter devant une accumulation de blocs de grosseurs diverses.

« 25 *juin.* — Nous employons plusieurs heures à franchir quelques petites plaines entrecoupées de flaques d'eau. A minuit, tandis que nous reposons, un ours s'approche à vingt pas : il détale à toutes jambes dès qu'il nous voit soudainement surgir, comme autant de fantômes, du fond des chaloupes.

« Orel observe la latitude; nous sommes par 79°41′. O amère dérision! En vingt-trois jours, nous sommes descendus encore, géographiquement, de 5 minutes!

« 27 *juin.* — Aujourd'hui nous traversons à la voile, par un bon vent de nord-est, un bassin d'une étendue assez considérable. — Latitude à midi, 79° 39′. — Après dîner, nous passons en outre un champ de glace de 300 mètres. Notre bagage a fort diminué; les chiens n'ont plus que sept quintaux à traîner.

« 28 *juin.* — Encore deux plaines et deux *ouackes* entre nous et le pôle. Ce progrès, si lent qu'il soit, ne serait pas possible avec un bâtiment, car on ne saurait le remorquer, à l'instar des chaloupes, par-dessus les glaçons intermédiaires. Temps variable: tour à tour du soleil et de la neige. Durant notre sommeil, il y a toujours une sentinelle en dehors des embarcations, pour surveiller le mouvement du *pack* et nous avertir à temps de l'approche des ours.

« 29 *juin.* — Le chemin parcouru ce jour-là se compose de trois petits bassins, d'un îlot et d'une grande plaine. Pour la première fois nous dirigeons les chaloupes à l'aide de longues perches au travers des étroits canaux : procédé de locomotion dont le résultat nous est favorable. Nous nous emparons encore d'un veau marin : suivant l'habitude prise, nous dégustons un morceau de sa graisse avec du thé; les plus délicats d'entre nous se mettent en règle avec les exigences de leur palais en déclarant que cette graisse a un goût de beurre très prononcé.

« Nous faisons en même temps des études sur la nature plus ou moins comestible des nageoires de phoque, que le navigateur Kane s'était accoutumé à manger en guise de salade. Nous les faisons cuire dans la soupe; mais, en somme, nos chiens paraissent apprécier bien plus que nous ce genre spécial d'alimentation. Une chose à remarquer, comme une sorte de contradiction, c'est qu'au cours de nos excursions en traîneau, pendant la période des froids, nous avions eu par-dessus tout l'horreur de la graisse, au lieu qu'à présent qu'il fait chaud, nous la mangeons très volontiers.

« Que dis-je? nous nous trouvions surtout plus à l'aise lorsque, à la halte de midi, nous venions d'ingurgiter une quantité respectable de cette graisse. Les digestions qui s'en-

LA HALTE DE MIDI.

suivaient étaient des plus régulières, même pour ceux d'entre nous qui étaient sujets à des embarras gastriques. Cette sorte d'anomalie tenait surtout à ce qu'auparavant nous ne pouvions pas boire à notre guise, tandis que maintenant, ayant plus aisément de l'eau potable, nous ne craignions plus d'augmenter notre soif par l'absorption d'aliments graisseux.

« 30 *juin.* — Après avoir passé un petit lac, puis une grande plaine, nous nous apprêtions à suivre un canal jonché de glaces émiettées, quand tout à coup il se boucha, et nous n'eûmes que le temps de tirer nos embarcations sur la rive pour attendre un nouveau démembrement des blocs.

« Quelques cas d'ophtalmie se sont déclarés parmi nous.

« La neige est complètement blette. Le cap Tegetthoff et l'île Salm sont toujours visibles au nord. Je me suis fait couper les cheveux par Clotz, et, en retour, je lui ai offert un peu d'eau fraîche, en le priant d'excuser ma profonde indigence : le brave garçon a eu la délicatesse de refuser. Une bonne gorgée d'eau, tel est le prix le plus haut dont on paye, la plupart du temps, les soins du médecin sur les mers arctiques.

« Il semble, n'est-il pas vrai? que notre situation ne pouvait guère s'aggraver; on verra cependant qu'elle se compliqua encore dans la première moitié du mois de juillet. »

Le 1er juillet, une crevasse seulement fut traversée. Depuis trois jours on ne s'était avancé que de 5′ en latitude (9 kilomètres). Le 3 et le 4, grâce à d'assidus efforts, les voyageurs croyaient avoir progressé sensiblement vers le sud ; mais un vent continu du sud-est avait fait dériver les glaces qui les portaient, et ils découvrirent qu'ils étaient remontés au point où ils se trouvaient trois semaines auparavant! Vingt jours de labeur, de pénible labeur, étaient perdus!

Nouvelle inaction de trois jours. Les vivres diminuaient; la chasse aux phoques devenait de plus en plus stérile et les ours se montraient d'une circonspection qui leur était peu ordinaire.

Les hommes avaient beau se poster à l'affût, durant des heures, au bord des bassins, les phoques restaient invisibles, ou bien, une fois blessés, ils coulaient avant qu'on eût eu le le temps de les attraper avec une embarcation.

Quant aux ours, si, par hasard, l'un d'eux s'aventurait dans les environs, il suffisait de la moindre apparence de mouvement pour lui faire prendre la fuite. En vain, pendant les haltes, attachait-on solidement les chiens pour qu'ils ne pussent pas effaroucher l'animal ; celui-ci se méfiait et ne se montrait que le plus loin possible.

La démoralisation s'infiltrait peu à peu dans tous les esprits. Elle avait atteint Carlsen lui-même, le maître baleinier, qui avait passé vingt ans de sa vie dans les banquises et bravé courageusement toutes les misères de l'océan Glacial arctique.

« Encaqués comme des harengs dans nos chaloupes, dit le lieutenant Payer, sans autre abri qu'une tente-pavillon, sans autres meubles que des avirons, consumés par un de ces ennuis noirs qui corrodent un homme jour par jour, heure par heure, minute par minute, nous menons certainement l'existence la plus mélancolique qu'il soit possible d'imaginer. Dans le creux du canot qui, la nuit, nous sert de dortoir, il fait une chaleur presque intolérable : étalés les uns près des autres, nous nous efforçons pourtant de dormir et nous prolongeons notre nuitée aussi longtemps que nous le pouvons, jusqu'à ce que les jappements de *Torossy* ou l'appel du cuisinier apportant la soupe nous déterminent à reprendre la verticale.

« Cette soupe est le mélange le plus ineffable d'éléments disparates ou ennemis : farine, pemmican[1], saucisson, pain broyé, chair de phoque, poumon d'ours, tout s'y marie dans une fabuleuse promiscuité : il n'y manque plus que cette gélatine d'un genre particulier que mangèrent, en 1821, sous le nom significatif de « tripe de roche », sir Franklin et ses compagnons, ou les parties hors d'usage de nos bas et de nos culottes. Nous l'absorbons néanmoins, cette soupe invraisemblable, en silence, de peur de dire involontairement ce que nous pensons, ou de répéter ce que nous avons dit cent mille fois déjà. Nous n'avons pas même la ressource de nous raconter mutuellement notre vie; nous connaissons par cœur nos aventures respectives depuis la première de toutes, c'est-à-dire

1. Conserve de viande séchée.

notre naissance, jusqu'à la dernière, à savoir l'infructueuse chasse au phoque de la veille.

« Le repas terminé, on se groupe d'une manière un peu différente dans les chaloupes : celui dont c'est le tour d'affût va guetter un chimérique veau marin au bord de la flaque la plus proche ; et quiconque possède un reste de tabac s'empresse de bourrer silencieusement sa pipe.

« Heureux ceux qui découvrent tout à coup une déchirure à leurs vêtements. Ils prennent du fil, une aiguille, et les voilà occupés pour un bout de temps ! Plus heureux encore ceux qui se sentent capables de dormir pendant le jour après avoir dormi pendant la nuit ! Ces privilégiés s'étendent sans fracas, les uns sous les bancs des rameurs, les autres dessus, et des uns et des autres on n'aperçoit bientôt plus que les semelles.

« Alors arrivent les mouettes, qui papillonnent en essaims pressés autour des canots muets, guignant de l'œil des rognures de lard qu'elles se disputent férocement, comme tout là-bas, en Europe, on se dispute des provinces. Encore ce peuple de volatiles ne tarde-t-il pas à nous délaisser, de même que l'ours polaire et le veau marin. Un jour, quelques-uns des nôtres ayant eu la malencontreuse idée de tendre des rets près des chaloupes, les mouettes disparurent, et l'on n'en revit plus... qu'à distance.

« Où il faut aller pour retrouver un peu d'animation, sinon de sociabilité, c'est sous la tente enfumée où se fait la cuisine. Pour peu qu'un dissentiment s'y élève sur la question de savoir à qui c'est le tour de gratter la marmite, pour peu qu'il y ait une ombre de passe-droit ou de privilège, ou qu'on ait indûment coupé une corde du bagage au lieu d'en défaire le nœud, vite les apostrophes éclatent et se croisent avec une volubilité qui fait grand honneur à la faconde de nos bouillants méridionaux. Presque toujours, le don d'une pipe de tabac fait à propos assoupit jusqu'au soir ou jusqu'au lendemain la querelle commencée. »

C'est ainsi qu'en voyant, avec effroi, diminuer chaque jour leurs provisions, les naufragés — on peut leur donner ce nom — atteignirent le 15 juillet. L'opiniâtreté du vent du sud avait détruit le résultat de leurs plus laborieux efforts ; au bout de *deux mois*, ils étaient à peine à *deux lieues allemandes* (près de 15 kilomètres) du navire. Les hauteurs de l'île Wilczek étaient toujours visibles à l'horizon.

De toutes parts se manifestaient les signes d'une débâcle prochaine. Une pluie chaude se mit à tomber, avant-coureur certain d'une dislocation générale ; mais en était-on réduit à attendre la liquéfaction totale de ces constructions de l'hiver? Cette attente seule eût été la perte inévitable de tous les voyageurs.

Les vivres diminuaient à vue d'œil et il fallut de nouveau diminuer les rations de chacun. Il ne restait plus que 400 charges de poudre et on les réservait pour les phoques. Restaient les chiens, que l'on réservait pour dernière ressource. La faim commandait, et *Pékel*, à qui jusqu'alors on avait accordé un sursis, fut le premier sacrifié.

Une cruelle alternative s'imposait aux naufragés : ou rétrograder et retourner s'enclore, pour un troisième hivernage, sans espoir, dans les flancs dévastés du *Tegetthoff;* ou, si l'on ne retrouvait plus le bâtiment, périr dans le sein glacé de l'Océan.

Au moment où tout espoir de salut était irrévocablement perdu, une série de minces canaux s'entrouvrit au sud-ouest. C'était le 15 juillet au soir ; on s'embarqua immédiatement et, sous la double action des vents et du courant, on avança de plus de 1 600 mètres.

Le lendemain, on rencontra un chenal plus considérable ; on regagna la latitude précédente de 79° 39', et l'île Wilczek disparut à l'horizon.

« Notre façon d'aller, dit le lieutenant Payer, s'était, de plus, tout à coup modifiée. Au lieu d'être assujettis, comme auparavant, à de continuels transbordements, pénibles pour nous et toujours dangereux pour les membrures de nos chaloupes, nous pouvions maintenant, à l'aide de longues perches, écarter ou disjoindre la plupart des blocs ou des barrières qui encombraient notre route; il suffisait d'un peu de prudence

TRAVERSÉE D'UN CHENAL.

pour éviter les chocs trop forts et les pressions. S'il arrivait que les plaines de glace eussent un pourtour trop considérable, nous en étions quittes pour reprendre transitoirement nos procédés primitifs, c'est-à-dire pour remorquer successivement, au moyen de traînoirs, chacune des embarcations et les différentes pièces du bagage. Un progrès de 5 kilomètres suffisait alors pour nous satisfaire.

« Tous les mouvements préliminaires avaient, du reste, acquis une telle précision, qu'il ne nous fallait pas plus de trois heures pour les exécuter. Si, pendant la marche, les chaloupes se heurtaient à quelque obstacle provenant des glaces, les crampons et les pelles des pionniers avaient vite fait d'aplanir la voie. Les flaques d'eau qui pouvaient se rencontrer au milieu de ces plaines accidentées comptaient à peine dans notre labeur machinal ; nous les passions à gué sans souci, et ce n'était pas non plus une affaire lorsqu'un des nôtres, en déblayant le conduit d'un canal, prenait un bain inattendu. »

Le 18 juillet, la caravane se trouvait par 79° 23′, progrès dû à la persévérance du vent du nord ; mais il était à craindre que le vent du sud ne la chassât des positions conquises.

La région abordée était parsemée d'innombrables icebergs recouverts, pour la plupart, de terre et de gravier, ce qui leur donnait l'apparence d'écueils rocheux.

Quatre jours après, on avait atteint la latitude de 79° 1′. Le 23, la pluie se mit à tomber à verse ; ce déluge fut le bienvenu, car il accélérait le relâchement des glaces. Aussi, quoiqu'ils fussent trempés jusqu'aux os, les voyageurs continuèrent avec ardeur leur marche en avant.

Il faut dire que les hommes de l'équipage ne se rendaient pas compte de la position ; ignorant l'usage de la boussole, ils s'imaginaient que le sud était forcément du côté où l'on voyait l'eau. Klotz, lui, avait une idée fixe : d'après lui, il fallait marcher hardiment vers l'eau, dût-on aller vers le nord ; on en serait quitte pour faire le tour « de l'autre côté, c'est-à-dire de revenir en Europe en contournant le pôle. »

Le 1er août, on se trouvait par 78° 50′ ; depuis le 23 juillet, malgré un vent violent du sud-ouest, qui souffla le 29, on avait gagné 31′ (près de 94 kilomètres).

A ce moment, le principal inconvénient était l'obscurité, qui entravait la marche en rendant fort difficile le choix des chemins à suivre. On y voyait à peine à une centaine de pas devant soi, et même, du sommet des plus hauts icebergs, la perspective ne s'étendait pas à plus de 3 à 4 kilomètres.

« Tandis que, par un ciel clair, dit Payer, nous nous dirigions constamment et sans crainte de détours vers le point du sud où apparaissaient les reflets d'eau vive, maintenant

SCÈNE DE RETOUR.

nous étions fort en peine de fixer à coup sûr notre itinéraire. Les contours des bassins, noyés dans la brume, ne se détachaient plus à nos yeux : il fallait en longer les bords auhasard pour découvrir les solutions de continuité par lesquelles pouvaient s'engager les embarcations : ce qui nous obligeait à des déchargements et à des rechargements continuels. »

Toute la semaine suivante, les vents du sud-ouest continuèrent, accompagnés d'une pluie violente. Le 2 août, le soleil reparut et les voyageurs firent une halte de six à sept heures sur un glaçon, pour se sécher. Le bruit du campement attira un certain nombre de phoques; deux d'entre eux furent tués, à la grande satisfaction des chiens, qui n'avaient rien mangé depuis deux jours. On donna à *Torossy* les nageoires et les pieds, à *Jubinal*, les deux têtes avec les yeux. Avec la peau dégraissée des bêtes, on confectionna chaque jour pour *Jubinal* de petites chaussures destinées à protéger ses pattes écorchées.

Le même soir, la lune, après une absence de trois mois, fit son apparition dans le ciel.

Les canaux qui sillonnaient les glaces flottantes allaient s'élargissant et les chaloupes y glissaient allègrement à la rame ou à la voile. Le soleil et la pluie modifiaient le *pack* lentement, mais incessamment.

« L'immense plaine des glaces, dit le lieutenant Payer, exhalait de tous côtés une sueur ruisselante; les eaux nées de cette fonte universelle prenaient peu à peu leur cours dans une multitude de rigoles, ou s'étendaient en forme de lacs dans les cavités des bancs les plus vastes, pour retourner de là, par toutes les fissures, au sein dévorant de l'Océan. Gare aux trous! tel était depuis quelque temps notre grand mot d'ordre. Plus d'une fente traîtresse, analogue à celles que les veaux marins, en leur qualité de mammifères, ont coutume de se ménager dans la glace pour leur prise d'air, se dissimulait sous la surface putréfiée de la couche de neige.

« Le docteur Kepes eut l'occasion de le vérifier à ses dépens. Un jour qu'il s'était écarté de la colonne, il glissa inopinément dans un de ces trous jusqu'au-dessus de la ceinture. Il prit philosophiquement l'aventure: incapable de se tirer de là tout seul, il attendit, de l'air le plus calme, que l'un de nous passât à portée de la voix. Le hasard voulut que je vinsse dans les environs avec le traîneau des chiens.

« En apercevant mon compagnon, le visage serein, je n'eus

AVENTURE DU DOCTEUR KEPES.

aucun soupçon de ce qui lui était arrivé ; je crus simplement qu'il occupait ainsi une position de son choix. Assez surpris néanmoins, je lui criai :

« Eh bien ! que faites-vous donc là ? »

« Lui de me répondre :

« Aidez-moi toujours à sortir et je vous dirai tout. »

« Je vis alors de quoi il s'agissait. Je tendis mon fusil au docteur, dont le buste était incrusté de la façon la plus hermétique dans sa gaine de glace, et je l'amenai en terre ferme, non sans avoir eu maille à partir avec les chiens, qui s'agitaient en grommelant, comme s'ils eussent pris de loin le chef de Kepes pour une tête de phoque. »

A la mi-juillet, les neiges, en fondant, avaient formé sur la glace des lacs sans nombre ; au commencement d'août, ces lacs s'étaient presque tous écoulés dans la mer par les déchirures du *pack ;* la hauteur des icebergs avait également diminué et les bords des glaçons s'effondraient de plus en plus, ce qui facilitait le remorquage des chaloupes quand il fallait leur faire franchir quelque banc intermédiaire. Du 2 au 7 août, on fit un chemin considérable à travers de vastes étendues d'eau. Évidemment on sortait de la région des glaces soudées et immobiles, désignées sous le nom de *pack*, pour entrer dans la région des glaces flottantes, généralement faciles à percer.

« Le 7 août, dit Payer, après une course d'environ 19 kilomètres rien qu'à la rame, nous avions fait halte sur un glaçon encore intact, quand nous remarquâmes à la surface de la mer une immense oscillation qui venait du sud, en imprimant aux glaces un mouvement régulier et lent de hausse et de baisse.

« La houle ! voici la houle ! nous écriâmes-nous, transportés de joie.

« C'était en effet la mer libre qui gonflait à deux pas de nous son sein palpitant.

« La mer libre! ces trois mots renfermaient tout notre salut. Si grande était notre surprise de rencontrer l'Océan vivant dès le 70° degré de latitude, que, malgré l'évidence, nous refusions presque d'en croire nos yeux.

« Une émotion indicible s'était emparée de nous tous.

« Deux ours qui apparurent, nageant à cent pas de distance

CHASSE A L'OURS.

environ, firent pour le moment diversion à notre enthousiasme. Deux chaloupes furent immédiatement mises à flot et la chasse commença. Les plantigrades nageaient aussi vite que les canots qui les poursuivaient; de temps à autre, on les voyait se soulever pour regarder de notre côté. Tout à coup nous perdîmes la trace de l'un d'eux. L'autre, qui venait d'atteindre une plaine de glace, se mit à en escalader le bord et fit mine de nous y attendre de pied ferme.

« Cependant, à un coup de fusil parti de la première chaloupe, il plongea de nouveau et gagna prestement un autre glaçon assez éloigné. Il devenait inutile de s'entêter à sa poursuite.

Nous examinâmes l'endroit où l'ours s'était posé; nulle trace de sang ne s'y trouvait. Comme nous avions presque perdu de vue nos camarades, occupés à préparer le thé sur l'îlot, nous jugeâmes prudent de les rejoindre au plus vite.

« Dans la soirée, nous rangeâmes une nouvelle agglomération de petits glaçons très compacts, au travers desquels il n'y avait pas moyen de se faire jour; tous les blocs étaient également dans un état très avancé de dislocation et d'usure. Nous voulûmes toutefois en choisir un pour y établir notre gîte de nuit; mais dès qu'on eut hissé dessus les chaloupes, il se brisa en plusieurs morceaux. Ce fâcheux accident nous coûta la perte de nos provisions de bouche.

« Cette nuit fut marquée par un évènement d'une importance bien autrement grave et qui nous replongea tout à coup dans les affreuses perplexités dont nous nous croyions à jamais sortis. Les glaces, poussées par le vent, s'amoncelèrent autour de nous en telle quantité, que nous finîmes par être investis. Ce fut en vain que, le lendemain, nous essayâmes de nous frayer un passage; il nous fut impossible de bouger de place. Le *pack* environnant ne présentait point ce relief puissant qu'il avait eu plus au nord; c'était une simple juxtaposition de glaçons presque à fleur d'eau, qui n'en constituaient pas moins, par l'extrême densité de leurs masses, une barrière complètement infranchissable aux embarcations. De plus, la houle, autour de nous, était devenue si imperceptible que nous n'osions plus croire au voisinage de la mer libre.

« Emprisonnés dans nos chaloupes, nous attendions de nouveau un revirement favorable. Que faire, sinon dormir ou fumer?

« Malheureusement, le sommeil ne répondait pas toujours à l'appel; quant au tabac, c'était parmi nous une denrée de plus en plus rare. Plusieurs de nos hommes en étaient réduits à bourrer leur pipe de feuilles de thé. Haller, lui, fumait tout simplement du papier d'emballage.

CALFATAGE DES CHALOUPES.

« Désœuvrés comme nous l'étions, nous n'en sentions que plus vivement la faim qui nous tourmentait; et pourtant, malgré une diète prolongée, la plupart d'entre nous étaient devenus gras comme des cailles : c'est au point que si, à ce moment, l'on nous eût trouvés morts sur notre glaçon, on aurait pu se figurer que nous n'y avions eu d'autre occupation que de nous bien nourrir, et que nous y avions trépassé à la suite d'un trop bon dîner. »

Les jours se suivaient sans apporter de modification dans la situation des malheureux voyageurs. Une légère croûte de glace nouvelle commençait à se former autour d'eux. Un caprice du vent pouvait les entraîner de nouveau vers le nord et les livrer à la plus horrible des morts. Ils avaient gagné du terrain, puisqu'ils se trouvaient par 78° 9′ de latitude. Mais qu'importait le progrès, s'ils ne rencontraient pas la mer libre? Et ni le brisement des flots, ni le murmure de la houle ne venaient frapper leurs oreilles attentives et soulager leur anxiété.

C'est ainsi que s'écoulèrent leurs journées, du 10 au 13 août. Pour se distraire, ils s'occupèrent à calfater les chaloupes, qui avaient grand besoin de cette réparation. Pendant ces quatre jours, cependant, ils avaient un peu dérivé au sud-est et atteint 77° 58′. Et l'été boréal allait finir, et l'automne avec ses mornes frimas s'avançait rapidement!

Dans la nuit du 13 au 14, un relâchement se produisit; les voyageurs purent reprendre leur route après avoir tué un phoque, le dix-huitième et le dernier de cette période du voyage. Le 14 au soir, ils n'étaient plus entourés que de glaces flottantes, et, en examinant les divers aspects de l'Océan, ils acquirent la certitude que le moment de la délivrance approchait.

« Ah! s'écrie philosophiquement le lieutenant Payer, comme l'on a bien raison de dire que l'homme n'apprécie réellement que ce qu'il est sur le point de perdre!

« Nous-mêmes, à demi naufragés, misérable équipe

d'explorateurs trop heureux d'avoir pu déserter à temps leur bâtiment, au moment de nous séparer pour toujours de ce terrible empire arctique, nous ressentîmes tout à coup un douloureux serrement de cœur.

« Nous oubliâmes ses horreurs pour ne songer qu'à ses magnificences.

« Étincelantes illuminations du soleil boréal, radeaux de glace aux membrures rigides et crépitantes, vapeurs rosées de l'immense désert où vogue, à la merci du hasard, l'iceberg vagabond, que vous nous paraissiez admirables, vus du seuil de la mer vivante et sous le souffle des vents d'Europe! »

A six heures du soir, les voyageurs accostèrent une des agglutinations de glace les plus méridionales, et pour la dernière fois ils tirèrent hors de l'eau leurs embarcations. Pour la dernière fois aussi ils virent le soleil de minuit répandre sur la mer ses clartés de cuivre poli.

Ils étaient plongés dans un sommeil réparateur quand, à deux heures du matin, la sentinelle les éveilla.

Un vent d'est avait commencé d'entasser autour d'eux des masses de glace considérables, qu'on voyait s'élever et s'abaisser sous les puissantes pulsations de la houle. Déjà même le bord de leur glaçon s'était éloigné d'eux de quelques centaines de pas, et l'îlot menaçait de se changer en continent.

Aussitôt les chaloupes furent mises à l'eau et l'on cingla en avant. A mesure que l'on avançait, les bassins s'agrandissaient, la glace devenait plus rare et le gonflement du flot plus sensible. A midi, on se trouvait par 77° 40′ de latitude nord, c'est-à-dire à 210 kilomètres du *Tegetthoff*, à vol d'oiseau, à 480 kilomètres en tenant compte des circuits de l'itinéraire avec les traîneaux et les chaloupes.

Un nouveau bassin s'ouvre sur la route; les chaloupes le traversent par une forte houle, non sans faire eau considérablement. Ce bassin est le dernier; c'est la lisière extrême des glaces : au delà, à perte de vue, s'étend la mer libre.

CHAPITRE XI

La mer libre. — Appareillage. — Le cap Nassau. — Halte au cap Noir, — Le cap Britwin. — Rencontre de deux navires russes. — L'entrepont du *Saint-Nicolas* — Rapatriement.

Les explorateurs allaient définitivement quitter le monde des glaces. C'était le 15 août 1874. Après avoir joyeusement pavoisé les chaloupes, on y embarqua ce qui restait de la cargaison; les traîneaux seuls furent abandonnés. On appareilla en poussant trois hourras; désormais le sort de la flottille dépendait du vent et de la constance des rameurs.

Dès le début du voyage, les chiens furent atteints du mal de mer, et les secousses que, dans leurs mouvements désordonnés, ils imprimaient aux embarcations, pouvaient compromettre la sûreté générale. D'ailleurs, il n'y avait pas de place pour eux dans les canots déjà surchargés, et l'on n'avait à leur donner ni vivres ni eau. On dut se résigner à leur mort.

« Un dernier glaçon flottait sur notre route, dit Payer, nous y abordâmes. Ce fut le tombeau des pauvres animaux qui avaient été nos amis fidèles, qui avaient partagé toutes les phases de notre fortune, qui nous avaient aidés dans toutes nos épreuves et avaient contribué à tous nos succès. Triste récompense de tant de services! Certes nous n'eussions pas mieux demandé que de leur fournir jusqu'à la fin de leur existence le moment de paix qu'ils avaient gagné par leur dévouement.

APPAREILLAGE.

« Ce fut un moment de douleur amère que celui où *Jubinal* fut débarqué pour recevoir le coup de grâce... Je perdais là un affectueux compagnon ; pas un instant, au cours de cette retraite, il n'avait bougé de mes côtés ; toujours il s'était résigné de bonne grâce aux corvées pénibles que j'étais contraint de lui imposer ; plus d'une fois il s'était exposé au péril de se voir coupé de la caravane, dans son ardeur à sauter hors de la chaloupe chaque fois que je me hasardais sur le *pack*.

« La mort de *Torossy*, ce doux enfant du pôle, ne nous fut pas moins pénible. Pauvre bête ! du monde créé il n'avait connu absolument que le labyrinthe des glaces arctiques, et sa vie entière s'était passée à remorquer sans trêve des traîneaux ! »

Le sacrifice était accompli. Quelques heures après, la ligne des glaces s'effaçait. Le thermomètre marquait alors près de 4° au-dessus de zéro, chaleur inaccoutumée qui obligea les voyageurs à s'alléger d'une partie de leur accoutrement.

Leur but était de gagner, au sud-ouest, sous les côtes de la Nouvelle-Zemble, les îles Barentz, où, comme l'on sait, le comte Wilczek avait laissé un dépôt de vivres ; puis de descendre le long de la Nouvelle-Zemble, en quête de bateaux de pêche. A cette époque, en effet, les districts marins situés entre les îles Barentz et le détroit de Matotchkin[1] sont fréquentés par les baleiniers et les pêcheurs de saumon russes croisent dans les districts situés plus au sud.

La côte la plus voisine était à une distance de 24 kilomètres. La flottille s'y dirigea à force de rames, le canot du lieutenant Weyprecht en tête. Sa course fut accélérée par une bonne brise du nord, et le 16 août au matin elle se trouvait en vue du groupe d'îles appartenant à la Nouvelle-Zemble.

« Nous n'apercevions encore, dit le lieutenant Payer, que quelques points, brillant d'un reflet d'argent, à l'horizon de la plaine liquide ; plusieurs d'entre nous, au premier abord,

1. Ce détroit coupe la Nouvelle-Zemble aux deux tiers environ de son étendue.

les avaient pris pour une migration avancée de glaces vers le sud; mais c'étaient bien les pics neigeux qui entourent le cap Nassau, à partir duquel le massif principal de la côte s'abaisse tout à coup pour infléchir au nord-est et se résoudre en une série monotone de glaciers d'un relief de moins en moins considérable, qui se continuent par les plages solitaires où le Hollandais Guillaume Barentz dort depuis trois cents ans de l'éternel sommeil.

« A midi, nous étions par 76° 46′ de latitude, et le lendemain matin nous voyions pointer à travers la brume les déchiquetures pittoresques du cap Nassau, qui dominaient de leurs masses tour à tour roses et violettes l'Océan rayé de stries safranées. Le brouillard cependant s'épaissit bientôt à tel point que, dans ce milieu vague et sans consistance, nos embarcations avaient l'air de fantômes indécis glissant sur les flots.

« Quand, l'après-midi, la côte nous apparut de nouveau, nous reconnûmes que, pendant la durée de la brume, le courant nous avait si fort entraînés au sud, que nous avions dépassé, sans nous en douter, l'endroit où se trouvait le dépôt de vivres. L'observation nous donna, comme position, 75° 49′ de latitude nord et 58° de longitude est. Comme il nous aurait fallu perdre beaucoup de temps à rétrograder de 1600 kilomètres environ pour regagner le dépôt, nous y renonçâmes d'autant plus volontiers que nos chaloupes, déjà trop chargées, n'auraient pu recevoir qu'un supplément de provisions assez insignifiant.

« Devant nous, à l'extrême horizon, commençaient à se dessiner les plus hauts sommets de la presqu'île de l'Amirauté. Nous filâmes en droite ligne dans cette direction, et arrivés au nord de la baie de Gnosdarew, dont il a déjà été question au commencement de ce récit, nous fîmes une première tentative pour aborder. Ce fut en vain.

« La rive était pleine de récifs et de bas-fonds entre lesquels régnaient de forts brisants, analogues à ceux qui obstruent, plus haut, l'accès des îles Barentz. Nous nous rappelâmes que, deux années auparavant, toute cette côte était bordée d'une large et solide ceinture de banquises et qu'il avait fallu se servir de traîneaux pour porter à terre la réserve de vivres susmentionnée. Aujourd'hui, au contraire, pas le moindre morceau de glace ne se montrait dans ces parages; ce n'était qu'avec les chaloupes qu'on pouvait atteindre ces rivages encombrés d'écueils.

« Les années 1872 et 1874 différaient donc singulièrement l'une de l'autre au point de vue du climat. En 1872, nous avions trouvé les montagnes de la Nouvelle-Zemble en grande partie couvertes de neige; à présent, il n'y en avait plus qu'à la surface supérieure des glaciers; et à cette même latitude de 76° où, vingt-quatre mois auparavant, la glace formait des agglomérations bien tassées, nous avions maintenant une température de près de 4° au-dessus de zéro à la mer, et de plus de 6° à l'air.

« On voit quelle chance nous avions eue dans notre aventureuse retraite, que l'été de 1874 fût marqué par un recul exceptionnel et inespéré des glaces polaires vers le nord; dans le cas contraire, nous eussions été perdus sans ressource. »

A force de manier les rames, les voyageurs étaient épuisés. L'espoir de rencontrer un navire soutenait seul leur courage; mais aucun n'apparaissait à l'horizon. Ils continuèrent à ranger les côtes de la Nouvelle-Zemble, dans la direction du sud. Ils coupèrent plusieurs baies, entre autres celle de Gnosdarew, pleine de glaces émiettées qui permirent de renouveler la provision d'eau fraîche. Depuis quelques jours, les pingouins avaient reparu et s'abattaient impudemment dans le sillage même des embarcations. On les tirait du bord, le cuisinier les faisait cuire et on les mangeait sans s'arrêter.

Le 18 août, on prit terre au sud du cap Noir, près de la presqu'île de l'Amirauté.

ÉPUISEMENT.

C'était à marée basse ; on hâla les chaloupes sur la plage et, après une collation arrosée de thé, les voyageurs s'étendirent avec délice sur un gazon touffu. Quelques-uns grimpèrent aux fentes des rochers ou se mirent à cueillir des fleurs qu'ils torréfièrent pour les fumer, prétendant avoir mis la main sur un excellent tabac.

Le lendemain, après quelques heures d'un sommeil réparateur, les chaloupes furent remises à l'eau et la chasse aux bateaux de pêche recommença. La température était de 10° au-dessus de zéro. Les terrasses élancées de la presqu'île de l'Amirauté furent doublées sans encombre, et le 20 on atteignit, par 74° 21', le cap Tchernitzky, à partir duquel le rivage, percé d'une multitude de baies pittoresques, offrait des signes de végétation de plus en plus abondants. Ces parages sont les lieux favoris d'hivernage des navires russes qui fréquentent la Nouvelle-Zemble ; en divers endroits on apercevait des huttes à demi-ruinées.

Le 21, le vent fraîchit, la mer s'agita et les barques se remplirent d'eau. On se réfugia dans la baie de Soukhoï-Nos, par 73° 47', et, grâce à un bon feu de bois et de charbon fossile, on se fut bientôt séché. Par malheur, on ne découvrit ni rennes ni pingouins, et l'on dut se contenter pour souper d'un peu de pemmican relevé à l'aide de cochléaria, vulgairement herbe aux cuillers, après quoi on reprit la mer, malgré le mauvais temps et la houle de plus en plus grossissante.

Arrivés à 73° 20', les voyageurs pénétrèrent dans le détroit de Matotchkin, où ils espéraient rencontrer quelque navire à l'ancre. Ils n'y trouvèrent rien qu'une baleinière échouée. Avant de partir, ils élevèrent, sur un promontoire de la baie des Orthodoxes, à l'entrée du détroit, un monticule fait de troncs d'arbres et de pierres. Ils y déposèrent un procès-verbal de leur expédition, afin de laisser une trace de leur passage, en cas de perte définitive de leur flottille.

L'espoir en effet commençait à les abandonner. Ils croyaient maintenant avoir la certitude que tous les bateaux de pêche européens avaient déjà quitté ces parages, et il ne leur restait plus de vivres que pour dix jours. Ils n'avaient plus qu'un parti à prendre, parti désespéré s'il en fut : se lancer à l'aventure, à travers l'immense mer écumante et tempêtueuse, pour essayer de franchir en ligne directe les 725 kilomètres qui les séparaient de la Laponie.

Le 23 août à midi, ils entreprirent cette périlleuse traversée.

« Nous voilà donc de nouveau, dit le lieutenant Payer, cinglant le long de la côte dans la direction de la terre des Oies[1].

« La mer était affreuse, toutes les chaloupes faisaient eau et leurs équipages s'exténuaient vainement à les vider. Celle du lieutenant Weyprecht disparut bientôt au large ; je perdis les autres de vue sous la côte. L'embarcation que je montais paraissait avoir distancé le reste de l'escadre : aussi abordâmes-nous, le 24 août au matin, dans une sombre anfractuosité de rochers pour attendre l'arrivée de nos compagnons. Comme nous avions fait, six jours auparavant, au cap Noir, mais avec des dispositions d'esprit bien différentes, nous sautâmes sur les bas-fonds de la rive pour haler notre barque à l'abri du flot et allumer un grand feu de bois. Là, épuisés de fatigue, en proie aux plus noires pensées, nous nous laissâmes choir sur la pierre nue, à côté de notre brasier fumeux, et nous ne tardâmes pas à nous endormir.

« Au bout de quatre heures, nous nous réveillâmes et nous escaladâmes une hauteur pour interroger l'horizon. Nulle trace de chaloupes sur le ténébreux Océan. Force nous fut donc de nous remettre seuls en route. »

Enfin, à la hauteur du cap Britwin, par 72° 40', le calme étant revenu, les quatre embarcations opérèrent leur jonction. On se partagea équitablement le reste des vivres et,

1. Partie occidentale de l'archipel de la Nouvelle-Zemble qui commence au-dessous de la baie des Dunes.

plus attendre, on reprit machinalement l'aviron pour fendre de nouveau les vagues, en quête d'un navire.

Le moment était décisif. On n'avait plus qu'un promontoire à doubler pour que se décidât la destinée des voyageurs. Ou la voile tant désirée allait apparaître à leurs yeux, ou ils étaient condamnés à tenter le passage jusqu'au pays des Lapons.

La nuit tombait, il était sept heures, la flottille venait à peine de contourner les noires falaises du cap Britwin, lorsqu'un cri d'allégresse s'échappa de toutes les poitrines.

LES QUATRE BARQUES OPÈRENT LEUR JONCTION.

« Une cinquième embarcation, dit le lieutenant Payer, toute petite, était devant nous, montée par deux hommes qui semblaient occupés à faire la chasse aux oiseaux de mer.

« Non moins surpris que nous-mêmes, ces hommes vinrent à nous.

« C'étaient des Russes. Avant que nous eussions eu le temps de nous entendre, nos chaloupes et les leurs tournèrent une pointe de rochers et nous nous trouvâmes en présence de deux navires.

« Avec quelle palpitation de cœur le naufragé s'avance à la rencontre du bâtiment sauveur qui se dresse sous ses yeux, tout gréé, dans son élégante et fière cambrure, et qui, tout à l'heure, va le recevoir dans ses flancs, à l'abri des colères capricieuses des éléments! Ce n'est pas pour lui une carcasse inanimée;

NOUS NOUS TROUVAMES EN PRÉSENCE DE DEUX NAVIRES.

c'est un ami, un être supérieur et tout-puissant, devant lequel s'incline humblement sa faiblesse. Tels furent aussi les sentiments avec lesquels nous ramâmes vers ces deux schooners qui étaient à l'ancre, à quelques centaines de pas, dans l'intérieur d'une baie entourée d'un rempart de roches.

« Tout en suivant la barque étrangère, nous hissâmes notre

pavillon, et bientôt nous accostâmes le plus rapproché des deux navires dont le pont se couvrit immédiatement de matelots barbus. C'était le *Nicolas*, capitaine Féodor Voronin.

« Jamais têtes couronnées ne reçurent un accueil pareil à celui dont furent honorés, ce jour-là, ces échappés des glaces que l'Europe avait crus perdus à jamais.

« A la vue des deux ukases qui nous avaient été envoyés de Saint-Pétersbourg au début de notre expédition, et qui enjoignaient à tous les nationaux russes de nous prêter aide et assistance, ces pauvres pêcheurs découvrirent leurs têtes et s'inclinèrent jusqu'à terre. A des centaines de kilomètres de distance, l'ordre du czar n'avait rien perdu de sa vertu suprême.

« Mais la discipline et l'obéissance ne donnaient pas seules la raison de cette réception empressée et cordiale, le cœur en avait aussi sa part. Tout ce que le navire renfermait de plus précieux en vivres fut aussitôt et spontanément mis à notre disposition. Le second navire s'approcha à son tour pour nous saluer et réclamer notre visite à son bord.

« Ce fut le commencement d'une série d'invitations cordiales auxquelles nous allions avoir à faire honneur. »

Il y avait précisément à bord de ce second navire un matelot malade. Le docteur Kepes alla immédiatement lui donner des soins et rapporta à ses camarades, comme honoraires, un gros paquet de tabac.

Au moment où les chaloupes du *Tegetthoff* rencontrèrent les navires russes, il y avait quatre-vingt-seize jours que leur équipage avait commencé sa retraite ; en comptant les précédentes excursions en traîneau, c'était cinq mois pleins qu'il avait vécu sans abri, exposé à toutes les intempéries du ciel boréal. Aussi Payer et ses compagnons ne rentraient-ils dans la vie ordinaire que péniblement et par gradation ; ils considéraient avec ravissement les objets les plus usuels.

Les deux navires qu'ils avaient si heureusement trouvés à la baie des Dunes étaient partis du gouvernement d'Arkhangel[1] pour faire la pêche au saumon et la chasse au renne. Leur expédition n'avait pas été très profitable, et leurs capitaines avaient l'intention de se rendre, au bout d'une quinzaine de jours, au sud de la Nouvelle-Zemble, afin de compléter leur cargaison.

Ces intentions ne cadraient nullement avec les idées des naufragés du *Tegetthoff*, qui, ardemment désireux de se rapatrier, ne se souciaient pas de passer un mois encore dans l'entrepont infect d'un bateau de pêche. Ils s'entendirent avec le capitaine du *Nicolas*, qui consentit à renoncer à sa croisière et à les transporter immédiatement à Vardœ, en Norvège. En dédommagement de la pêche manquée et comme compensation des frais de nourriture, le capitaine Voronin reçut trois chaloupes, deux fusils Lefaucheux et la promesse de 1200 roubles argent (4800 francs).

« Ce traité, dit le lieutenant Payer, fut passé moitié dans la cabine du capitaine et moitié dehors, car il y avait du feu dans ladite cabine et il nous était impossible d'y séjourner. Ces arrangements terminés, nous pûmes enfin nous livrer aux douceurs du sommeil, qui depuis si longtemps nous faisait défaut. Nous n'avions plus à craindre de mourir de faim.

« Le soir, en ouvrant mon journal, j'y lus ces mots : « A cette date serons-nous sauvés ? Ce jour nous verra-t-il tous en vie ? — 15 mai, à bord du *Tegetthoff*. »

« Par une singulière coïncidence, cette phrase, que j'avais jetée au hasard sur une page vide de mon carnet, se trouvait

1. Ville de Russie, dont le nom signifie « ville de l'Archange Michel », à la naissance du delta tributaire de la mer Blanche de la Dvina, chef-lieu du gouvernement du même nom. Ce gouvernement, situé en partie dans le cercle polaire et comprenant la Nouvelle-Zemble et autres îles de la mer Glaciale, possède 281 000 habitants, Russes, Samoïèdes et Lapons.

juste, dans l'ordre de succession des feuillets, à la date où devait s'inscrire la mention de notre délivrance.

« Ma relation mise à jour, je me couchai ; mais j'eus beaucoup de mal à m'endormir au milieu d'un bourdonnement de mots russes que j'essayais machinalement de répéter, et qui se compliquait encore du baragouin de notre interprète, et couché comme j'étais, à côté de mes camarades, parmi des cadavres de saumon. Je finis cependant par m'assoupir, avec la douce pensée que mes mains n'avaient plus à manœuvrer l'aviron.

« Le lendemain, le capitaine Voronin et son chef harponneur, Maximin Ivanoff, insistèrent pour que le lieutenant Weyprecht et moi nous prissions possession de leur propre cabine. Faute de pouvoir prononcer autre chose que le mot *karoscho*, qui veut dire bon, nous dûmes obtempérer à leur gracieuse invitation.

« Ce même jour, les pêcheurs lavèrent le navire à grande eau et rentrèrent les filets qui pendaient au dehors du bâtiment. Tout en se livrant à ce travail, ils entonnaient, avec beaucoup de goût, leurs chants nationaux russes, que nous écoutions avec l'ébahissement de véritables barbares. »

Ainsi se terminèrent l'odyssée du *Tegetthoff* et les tribulation des membres de l'expédition austro-hongroise.

Le 26 août, la goélette russe appareilla de la baie des Dunes et se dirigea vers le sud-est, à travers la mer Blanche. Il était grand temps que les explorateurs échangeassent leurs frêles embarcations contre un bon et solide navire. En effet, il s'éleva, les 27 et 28, une tempête du nord-nord-est dont la violence les eût fait infailliblement chavirer; ils auraient ainsi, pour ainsi dire, échoué au port.

Le 3 septembre, le *Nicolas* entra dans le petit port de Vardœ et y débarqua le lieutenant Payer et ses compagnons, après la

DANS L'ENTREPONT DU NICOLAS.

périlleuse expédition qui vient d'être racontée et qui n'avait pas duré moins de huit cent douze jours. Deux jours après, ils prenaient le paquebot-poste qui les mena à Hambourg. De là, par le chemin de fer, ils gagnèrent Vienne où ils reçurent l'accueil enthousiaste bien dû à leur courage, à leur persévérance, ainsi qu'aux nouvelles conquêtes géographiques dont ils avaient enrichi la carte du monde.

APPENDICE

LES AURORES BORÉALES

Ce phénomène naturel, excessivement rare dans nos climats, est, pour ainsi dire, spécial aux régions polaires et éclaire de ses resplendissantes lueurs les longues nuits arctiques.

Les aurores de l'hiver de 1873-74 furent, d'après le lieutenant Payer, d'un éclat inimaginable et surpassèrent de beaucoup en magnificence celles dont il avait été témoin sur la côte orientale du Groenland, en 1869-70, alors qu'il faisait partie de l'expédition de la *Hansa* et de la *Germania*.

Il ne manque pas, dans le courant de sa narration, de décrire et d'expliquer ces splendeurs.

« Les formes, dit-il, sous lesquelles se présentaient ces phénomènes sont très difficiles à caractériser, non seulement à cause de leur variété, mais encore en raison de leur perpétuelle mobilité. Le météore affectait tantôt l'apparence d'arcs flamboyants avec de beaux globes lumineux, tantôt celle d'une voix lactée ou de rubans étincelants. Le plus souvent les figures différentes s'engendraient l'une l'autre ; mais l'apparition des franges rubanées avait lieu généralement vers le matin.

« A voir le mouvement des ondes lumineuses, on eût dit qu'elles étaient agitées par le vent; parfois l'ascension rapide des globes ou des spirales enflammées ressemblait à un subit jaillissement de vapeurs tourbillonnantes. Presque toujours le phénomène avait lieu au sud.

« La période pendant laquelle il se montrait à nous s'étendait du mois de septembre au mois de mars, et c'était, durant ce laps de temps, l'unique manifestation de vie qui nous vînt du dehors, bien que sa plus grande clarté n'égalât jamais celle de la pleine lune.

« A de rares exceptions près, ces sortes d'illuminations étaient donc trop faibles et trop passagères pour rompre d'une manière sensible les longues ténèbres de la nuit polaire. Les sinuosités serpentines embrassaient le firmament d'est en ouest ou d'ouest en est indifféremment, et plusieurs fois le phénomène se répétait plusieurs fois en une nuit. Sa plus vive intensité avait lieu de huit à dix heures du soir. Il n'était jamais accompagné d'aucun bruit. Le centre des rubans de feu était généralement vert-blanchâtre, leurs bords, à la partie supérieure, étaient rouges; à la partie inférieure, ils étaient verts.

« Nous remarquâmes que ces féeries célestes, lors-

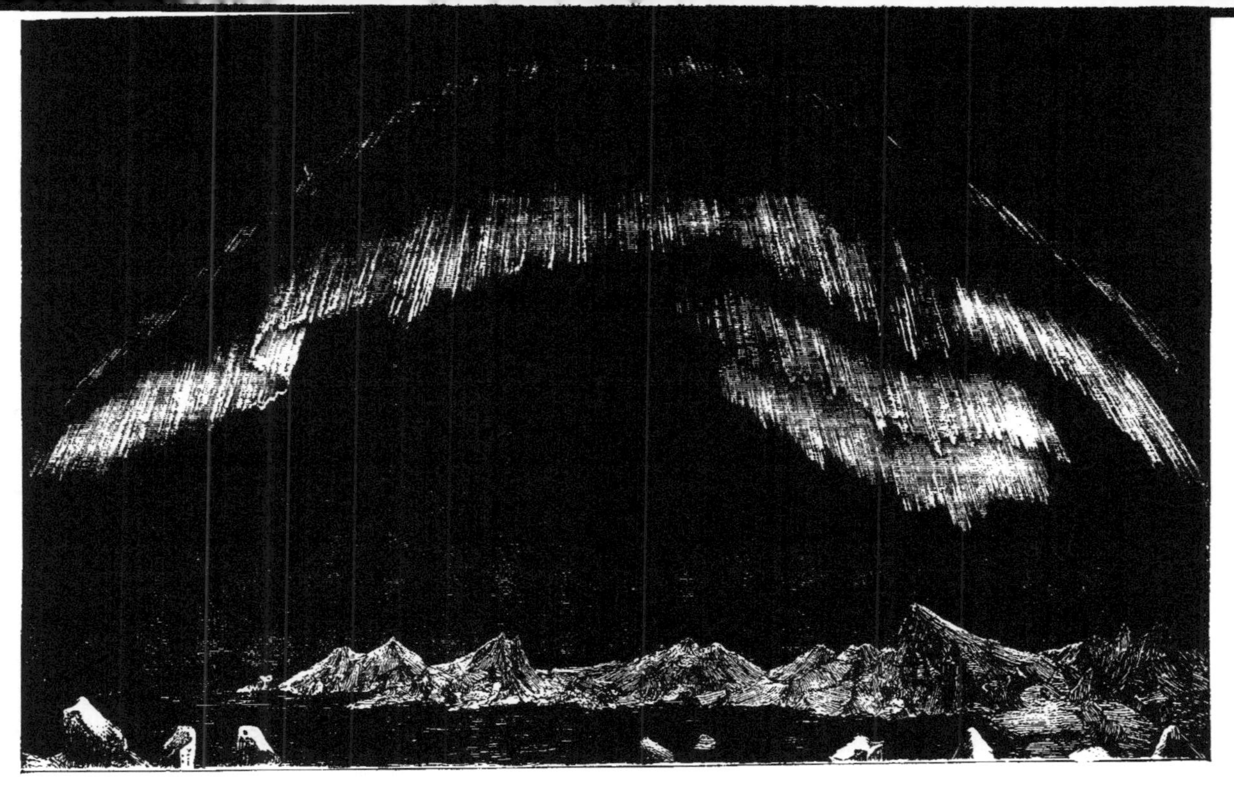

AURORE BORÉALE.

qu'elles se développaient dans toute leur splendeur, étaient fréquemment suivies de mauvais temps ; par contre, si les vibrations étaient peu accentuées et n'atteignaient qu'une faible hauteur, c'était un signe de calme.

« Bien que la cause des aurores boréales semble tenir à des circonstances électriques inconnues, il paraît probable que les vapeurs de l'atmosphère y jouent un grand rôle; le jour, il est malaisé de distinguer si telle nuée lumineuse offre réellement le caractère du météore en question; la nuit même on s'y trompe parfois.

« L'influence des aurores boréales sur l'aiguille aimantée se montrait fort variable; presque nulle quand les arcs lumineux étaient médiocres et sans mouvement, elle s'accentuait en raison de l'intensité des couleurs et des vibrations; la perturbation avait toujours lieu du côté de l'est.

« Voici, d'après nos observations souvent répétées, la succession des phases de l'aurore boréale.

« On voit d'abord apparaître au sud, sur l'horizon, un arc pâle qui s'éclaire peu à peu en s'élevant vers le zénith; il est parfaitement régulier; ses deux extrémités touchent presque l'horizon et s'allongent du côté de l'est ou de l'ouest, à mesure que monte le météore.

« L'ensemble présente une belle couleur tendre à peu près uniforme, d'un blanc diaphane légèrement teinté de vert, assez analogue à celle d'une jeune plante qui aurait poussé à l'ombre, loin de l'influence des rayons solaires. La clarté de la lune paraît jaune à côté de cette nuance délicate, très douce à l'œil, et dont la plume ne saurait donner une idée.

« La largeur de cet arc peut atteindre le triple de celle de l'arc-en-ciel ; la lueur des étoiles le traverse sans en être affaiblie.

« Il s'élève de plus en plus, dans une majesté tranquille ; de temps à autre seulement une onde lumineuse se meut lentement d'un côté à l'autre ; le paysage arctique commence alors à s'éclaircir et l'on aperçoit distinctement chaque colline de glace.

« Bien avant que la ligne cintrée ait atteint le zénith, un second arc naît, au sud, du sombre segment primitif, puis est suivi peu à peu de plusieurs autres arcs qui cerclent tour à tour ou ensemble le firmament, puis pâlissent et s'éteignent.

« D'autres fois, ce sont de lumineux rubans, de même couleur que les arcs, qui se déploient et se meuvent en spirales ondoyantes, de droite à gauche ou de gauche à droite, semblables aux plis retombants d'un rideau. Souvent, toutes ces bandes de lumière se réunissent en un point commun du ciel.

« La bizarre fantasmagorie peut enfin se compliquer d'un jet vigoureux de rayons qui convergent dans le sens de l'inclinaison de l'aiguille aimantée et embrasent littéralement de leurs trépidations et de leurs voltiges la voûte céleste. C'est alors un véritable feu d'artifice tel que l'imagination la plus hardie ne saurait s'en figurer. Involontairement, on prête l'oreille comme pour saisir un pétillement, une détonation ; mais le plus profond silence ne cesse d'accompagner ces mouvantes illuminations dont nul pinceau ne rendra jamais la grandiose beauté. »

L'OURS BLANC.

L'ours blanc habite toutes les solitudes qui avoisinent le pôle arctique : le Groenland, le Spitzberg, la Nouvelle-Zemble, etc. Aussi hardi que vorace, il se jette sur les animaux qui fréquentent ces hautes latitudes, les phoques et les morses, et qui sont d'ailleurs incapables de lui résister. Il se nourrit également de tous les débris que la mer rejette sur ces rivages, cadavres de poissons, d'amphibies et de cétacés.

L'été, les ours blancs se retirent dans les forêts et attaquent les rares mammifères propres à ces régions, en particulier les rennes. Mais, comme leurs congénères des autres parties du monde, ils savent se contenter du régime végétal, et, à défaut de chair, ils mangent des fruits, des graines et des racines.

Ils n'attaquent l'homme que lorsqu'ils sont pressés par la faim ou quand ils sont attaqués eux-mêmes. Alors ils deviennent véritablement terribles. Habitués à ne rencontrer jamais aucune résistance, ne soupçonnant même pas le danger, ils se précipitent avec une rage aveugle contre leurs assaillants, soit sur terre, soit en mer.

On voit souvent une troupe d'ours blancs monter sur un glaçon flottant, s'y endormir et se laisser aller à la dérive, sans s'inquiéter de l'endroit où peuvent les conduire les vents et les courants. Quelquefois ils sont ainsi portés en pleine mer et se trouvent, par suite, réduits à la plus affreuse détresse. Fatalement cloués à leur plancher de glace, dénués de toute subsistance, poussés par la faim, ils en arrivent à se jeter les uns sur les autres et à s'entre-dévorer. Le dernier survivant meurt d'inanition sur les squelettes de ses compagnons.

Parfois quelques-uns de ces ours affamés sont poussés sur les côtes de l'Islande et même sur celles de la Norvège. Ils sont terribles alors et se précipitent indistinctement sur tout ce qu'ils rencontrent, hommes ou animaux.

C'est ce qui a certainement contribué à faire à l'ours blanc une réputation d'indomptable férocité.

« Vivant toujours au milieu des glaces, dit M. Figuier, l'ours blanc craint beaucoup la chaleur. Pallas [1], qui en observa un retenu captif en Sibérie, rapporte que cet animal ne pouvait séjourner longtemps dans la maison. Quoique le climat fût très rude, il se roulait avec délices dans la neige. Les ours blancs du Jardin des Plantes de Paris sont également incommodés par les chaleurs de

1. Fameux voyageur et naturaliste, né à Berlin en 1741, mort en 1811.

OURS BLANCS.

l'été : aussi ne peut-on les conserver longtemps. Cuvier dit pourtant que l'on réussit à en garder un pendant quinze ans, grâce à la précaution que l'on avait de lui jeter chaque jour sur le corps, en hiver comme en été, soixante à quatre-vingts seaux d'eau pour le rafraîchir. »

L'ours blanc ne se familiarise jamais avec l'homme. Réduit en captivité, il reste toujours sauvage, taciturne, et se montre aussi incapable d'attachement que d'éducation.

LE PHOQUE.

Le phoque, qui constitua l'une des principales ressources des naufragés du *Tegetthoff*, n'est pas absolument confiné aux glaces polaires. On le rencontre dans les mers centrales, au Japon, dans l'Amérique centrale, sur tous les rivages d'Europe, dans la mer Caspienne, et dans certains lacs de la Russie d'Europe.

Cet amphibie a la tête arrondie et assez semblable à celle du chien, les yeux gros, brillants et très doux, la mâchoire bien armée. Grâce à la flexibilité de son épine dorsale, il peut redresser la partie antérieure de son corps presque verticalement, l'arrière-train restant horizontal.

Le volume considérable de son cerveau fait deviner le haut degré de son intelligence. Et cependant ses sens ne semblent pas très développés. Le meilleur, selon les observations de Frédéric Cuvier, est celui de la vue. Le phoque, en effet, voit assez bien à quelque distance, mais il est gêné par une trop grande effusion de lumière :

aussi a-t-il la pupille contractile comme le chat. L'ouïe doit être faible, puisque les organes de ce sens manquent du cornet extérieur, destiné à recueillir et à concentrer les sons. L'odorat ne semble pas être plus subtil. Le toucher doit s'exercer au moyen des poils longs et durs qui garnissent la lèvre supérieure, car ils aboutissent à des nerfs d'une grosseur remarquable. Quant au goût, celui du phoque serait tout à fait rudimentaire, si l'on en juge par sa gloutonnerie. Souvent il engloutit sa proie tout entière, sans la mâcher, quoiqu'il ne puisse l'avaler qu'avec des efforts énergiques. Lorsque cette proie est trop grosse pour être avalée d'un seul coup, l'animal la partage en plusieurs morceaux avec ses dents ou ses ongles, sans se donner la peine de la mastiquer.

La voix du phoque consiste en une sorte d'aboiement analogue à celui du chien. Quand il est irrité, il souffle comme les chats, en montrant les dents.

« Certaines espèces, dit M. Figuier, accentuent assez distinctement la syllabe *pa*, plusieurs fois répétée. Cela suffit pour que les entrepreneurs d'exhibitions phénoménales amorcent la crédulité publique par l'annonce d'un animal extraordinaire, d'un monstre marin qui dit *papa* et *maman*, aussi bien que vous et moi. »

Les phoques se nourrissent de poissons, de mollusques, de crustacés et d'oiseaux de mer lorsque ceux-ci viennent raser la surface de la mer pour y pêcher leur nourriture.

Ils nagent la tête et les épaules hors de l'eau. Pour émerger, ils choisissent un lieu en pente douce et s'accrochent des mains et des dents à toutes les aspérités, se hissent avec adresse sur des glaçons flottants et se laissent aller à la dérive en toute tranquillité.

CHASSE AU PHOQUE.

Le sentiment de la propriété est très developpé chez cet amphibie. Dès qu'une famille s'est installée sur un roc ou un bloc de glace, elle ne souffre pas qu'un autre individu du troupeau vienne l'y déranger ; le mâle se charge de repousser toute violation de domicile. Quand le cas se présente, un combat furieux s'engage qui ne cesse que par la mort du légitime propriétaire ou la fuite de l'agresseur. Si l'espace est très resserré, quelques familles s'installent sur le même rocher ou le même glaçon et y vivent en bonne intelligence, mais toujours à une certaine distance l'une de l'autre.

Les phoques placent des sentinelles chargées de veiller à la sûreté de tous pendant le sommeil de la communauté.

Dès que paraît un homme ou un ours blanc, ces sentinelles poussent des hurlements prolongés; les dormeurs réveillés s'empressent de plonger dans la mer.

On chasse les phoques en les harponnant sur la mer, dans des embarcations, ou en les poursuivant sur les glaçons et en les tuant à coups de pique ou de hache. La manière la plus efficace de les tuer consiste à leur appliquer des coups de massue sur le nez; les blessures qu'on leur fait avec des armes tranchantes doivent être assez profondes pour mettre leur vie en danger. Lorsqu'ils se voient cernés, ils se défendent courageusement, mais sans beaucoup de succès. Dans leur fureur, ils brisent les armes de leurs ennemis entre leurs robustes mâchoires.

D'après M. Figuier, les riverains du nord de l'Écosse chasseraient les phoques d'une façon étrange et assez périlleuse.

« Ils savent, dit-il, que ces amphibies se retirent, pour allaiter leurs petits, dans de vastes cavernes à entrée généralement étroite. En octobre ou en novembre ils pénètrent, vers le milieu de la nuit, dans ces sombres grottes, au fond desquelles ils s'avancent montés sur un frêle esquif. Alors ils allument des torches et poussent de grands cris. A cette clarté subite, à ces bruits inusités, les phoques sortent de leurs retraites dans le plus grand désordre et en poussant de forts mugissements.

Leur nombre est tel, que les chasseurs seraient écrasés s'il ne se rangeaient tout d'abord contre les parois de la grotte pour les laisser sortir; mais, à la fin, ils tombent sur les traînards et les assomment à coups de bâton sur le nez; puis ils transportent les cadavres au dehors. Ils ont toutefois à craindre, dans ces sortes d'expéditions, qu'un coup de vent n'éteigne leurs torches; alors ils périssent au fond de ces antres obscurs. »

Doux, sociable, presque aussi intelligent que le chien, le phoque est très facilement domesticable. On en a vu qui, apprivoisés dès leur jeune âge, s'étaient épris d'une telle affection pour leurs maîtres qu'ils les suivaient partout et revenaient auprès d'eux, même après qu'on les avait à dessein égarés à une grande distance.

Le phoque donne peu d'embarras : un bassin rempli d'eau, où il puisse se baigner, et une cabane garnie de paille pour se reposer, suffisent pour le maintenir dans une bonne condition de santé. On le nourrit de poissons; mais il en absorbe beaucoup, et la difficulté de pourvoir à son alimentation est la raison principale qui s'oppose à sa domestication.

« Un fait bizarre, dit M. Figuier, à qui sont empruntés les détails qui précèdent, c'est qu'une fois habitué à une sorte de poissons, le phoque n'en veut plus manger d'autres; il se laisse mourir de faim plutôt que de consentir au changement. »

FIN DE L'APPENDICE.

TABLE DES GRAVURES

CARTES

FIN DE LA TABLE DES GRAVURES.

TABLE DES MATIÈRES.

FIN DE LA TABLE DES MATIÈRES.

PARIS. — IMPRIMERIE ÉMILE MARTINET, RUE MIGNON, 2.

www.ingramcontent.com/pod-product-compliance
Ingram Content Group UK Ltd.
Pitfield, Milton Keynes, MK11 3LW, UK
UKHW020548180726
13838UKWH00001B/115